领导统御智慧

中国式管理实战手册

曾仕强 杨智雄 ◎ 著

天地出版社 | TIANDI PRESS

序

中国式管理贵在实践

中华文化知行合一,我们不喜欢说空话,不主张为学问而学问。做得出来,比说一大堆理论更加珍贵!

西方管理有理论有实践,道术可以分离,往往导致有术无道的恶果。我们必须道术合一,以道衔术,才不致走歪路、行偏道,害人害己。

我们所说的"道",包含大易的"三才",也就是"天道、人道、地道"。诸子百家都重视"道",中国式管理则以人道重仁义,来上达天道的阴阳,下究地道的刚柔,由承上启下来打通一以贯之的三才之道。

"道"与"术"之间,要经过一道关卡,称为"法",即我们常说的"规矩"。有了规矩,道术才可以成方圆,而应用无碍。

有些人以史实为证,说明古圣先贤所说所行与现实情况相去甚远,因而认为时代变迁,中国式管理恐已不可行!殊不知中国式管理的不易法则,即在"持经达变",日新又新而生生不息,每隔一段时间,就会以新面目出现!

这些人所引的史实,是以西方的标准来审观古圣先贤的道理,这种"不诚、不敬"的心态，已经不合规矩。所以不必加以理会，听听就好。

实际上，中国企业的成功法宝，便是中国式管理的安人之道、经权之道，以及絜矩之道。虽然我们说的话愈来愈像西方人，但是我们成功的真正法宝，仍然没有改变。不过，说出来的话愈像西方人的，就愈象征诚意不足、敬意不够，长此以往终究是不利的。

为了因应这种趋势，提前做好预先防患工程，我们在天地出版社推出领导统御智慧之中国式管理实战手册，以更浅近的文字、更简明的形式，务期大家很容易掌握细节，快速地进入状态，把中国式管理真正付诸实践。我们更衷心盼望，实践中国式管理，获得良好成果的各界先行同人，费心将经过大要写成专书，提供给大家参考。多一份学习的对象，必然多一份实践的信心。

让我们共同以天地出版社为平台，分头并进，使中国式管理在二十一世纪成为举世欣羡的焦点，这也是弘扬中华道统，传承华夏文化的具体表现！

期待各位的参与、指教与鼓励，至为感谢。

曾仕强

目 录

第 1 篇 聚拢部属的心

01 领导比管理更重要

领导比管理重要,所以企业老板最关注的就是人的问题,尤其是各级干部的人选。如果所用非人,人治、法治平衡不好,企业就要遭殃了。

挑选干部的两难抉择   005
能有效掌控有才华者   013
统兵御将的实务演练   020

02 用人重本事而非能力

企业中应该形成一种氛围,叫作有本事你就会出头。本事跟能力是不同的,能力只表现在工作上,而本事还要表现在道德、团队精神、人际关系等方面。

能力与本事差异何在   031

培育人才的两大方向　　　　　　　　042
孝悌之道与永久人才　　　　　　　　047

03　协作用脑更用心

协作有没有成功的可能，完全看彼此的感应是强还是弱。但是有感应还不够，我们还希望善感善应，即你往积极的方面去做，我也往积极的方面去做，其乐融融，合作起来也更愉快。

有感有应协作最有效　　　　　　　　055
分工合作各尽其所能　　　　　　　　064
阴阳调和要讲究时中　　　　　　　　069

第 2 篇　打造领袖魅力

01　领导者的包容思想

我们要懂得"让功争过"的智慧，把成功的功劳让给别人，把失败的过错留给自己。如果每个人都能做到这样的话，我相信就没有什么不能包容的了。

领导者不明言的智慧　　　　　　　　077
信任与宽大包容功过　　　　　　　　087
领导者的目标与胸襟　　　　　　　　096

02　领导者习惯与魅力

没有绝对的好习惯，随着组织职位提升，我们如果不能及时应变的话，好习惯也会变成坏习惯。懂得做阶段性的调整，才能与时俱进。

事必躬亲会上侵下职	101
有答案无法集思广益	106
魅力吸引志同道合者	115

第 3 篇　向圣贤借智慧

01　从历史经典悟领导

有的人，在平常人看来就是窝囊废，没什么人格魅力，他却能够用比他能干的人，能够叫人为其卖命，这种人其实是最厉害的。

中国盛世兴盛的奥秘	131
优秀传统文化的启示	135
从历史知识中悟领导	140

02　国学经典各家会通

中国文化是阴阳文化，儒家教我们"拿得起"，道家教我们"放得下"。我们要懂得"拿得起"，也要懂得"放得下"。

各家思想的经权之道　　　　　　　　149
各家思想的缘由分析　　　　　　　　156

03　师法圣贤识人之道

光知人还是不够的，知人如果不善任，等于不知。知人一定要善任，把他的长处发挥出来，把他的缺点放在我们的肚子里。

识人应有的要领原则　　　　　　　　171
洞察部属的潜在能力　　　　　　　　174
识人学应有的整体观　　　　　　　　178

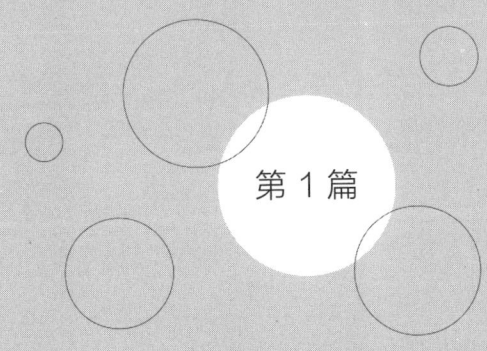

第 1 篇

聚拢部属的心

01 领导比管理更重要

领导比管理重要,所以企业老板最关注的就是人的问题,尤其是各级干部的人选。如果所用非人,人治、法治平衡不好,企业就要遭殃了。

挑选干部的两难抉择

有人说，学会任何一种学问，就能利用一种资源；而学会用人，就能事业有成，坐拥天下。用人的学问为什么如此重要？因为当你不会用人的时候，给你再多的人也没有用，再好的人才到你的组织中也都被你糟蹋了。

这就好比上天给你的子女再聪明，只要你不会做父母，不管你多了不起，不管你赚了多少钱，你都无法养育出拥有健全人格的孩子，甚至有可能把你的孩子害死。中国的家庭跟西方的家庭是不一样的：西方的家庭是有限责任的，子女到18岁以后要自立，便没有父母什么事了。而在中国家庭中，他（她）是你的子女，那他（她）就一辈子都是你的事。子女犯的过错都会记到你的账上，会让你一辈子寝食难安。

学会用人很重要：人用对了，就什么事情都会对；人用错了，就什么事情都错了。

西方人用人比较简单，不会的话照着书去操作就好了。而我们中国人用人，如果不了解中国人的特性，没有领导统御的智慧，就算看再多书都没有用。

有的时候会遇到这样一些老板，他们跟我说："老师，我已经慢慢会用人了。"我说："你怎样用人的？""你看，我用的这些人都听我的话，没有一个不听话的。""很好，但是你有没有发现你很累？""老师，你怎么知道？"我当然知道，因为听话的人一般不会太能干，所以领导会很累。如果领导者本身不轻松愉快，那他的管理就是一场空。

西方的管理在相当长的一个时期比较"刚性"，有重物不重人的倾向，把人看成"机器人""经济人"——每天紧张忙碌，夜以继日地拼命。相对来说，中国的管理比较"柔性"，有很多人到七八十岁的时候，还是总经理、董事长，靠的是什么？轻松愉快。如果不轻松愉快，早就没命了。中国人相当厉害的一招就是，即使用兵作战，也有本事谈笑。

中国人用人的第一顺位我们一定要搞清楚，不是用听话的人，而是用忠诚的人。如果我们做的是小事，就尽量用"奴才"，因为听话的人一般是"奴才"；如果我们要做大事，就不能用"奴才"，而要用比我们能干的人，能干的人基本上是不听话的。

能干，在西方人的解释中很简单，就是做事能干，这种人很多。但是在我们中国人看来，用能干的人，重点不在他做事能干，而在用人的人也要有一定的本事。我们如果没有一定的本事，最好少用比自己能干的人，因为能干的人是可以把我们干掉的。所以，第一顺位我们要确定对方不会叛变。

中国人最重视的是忠诚。当然,忠诚的同时也要干练,否则纯粹的愚忠有用吗?这就组合出三种类型的人才:第一种是愚忠奴才型,也就是公开场合和私底下都听话的人;第二种是骄傲干才型,也就是公开场合和私底下都不听话的人。是用听话的,还是用不听话的?很多人在挑选干部的时候往往陷入两难的抉择,其实还有更好的选择,就是第三种——忠诚干练型,也就是公开场合听话,私底下不听话的人,见图1-1。

配合老板	处理事情	说明
(公开)听话 (私下)不听话	能干	忠诚干练型,打死不走 (忍辱负重/扮黑脸/志同道合)

【用人的两难】

配合老板	处理事情	说明
不听话	能干	骄傲干才型,自以为是
听话	不能干	愚忠奴才型,无大作为

图1-1 挑选组织干部人才的两难抉择

为什么我们在此要分为公开跟私底下两种情况?因为中国的文化是阴阳文化,不能光看一个方面,很多问题只有阴阳配套才能化解。

台湾的一些教授曾经积极地学习西方的管理理论,也读了很多西方的策略学博士课程，后来他们在研究中国人的学问时发现，真正好的管理是西方人搞不清楚的、叫作阴阳配套的管理。只有符合阴阳配套的管理，才有可能因应我们民族性的实际需求。

任用公开场合很听话，私底下也很听话的人，只要有实务经验的老板就很清楚，自己迟早有一天被这种人害死。

当部属什么事都说"好好好"的时候，其实我们很清楚，他心里的话是"好好好，你去死好了"。部属每次都说"好好好"，代表他根本没有用心判断我们交办的事情，他心里是这么想的："怎么能每一件事情都那么顺，你交代的事情那么容易办吗？我是神仙吗？我什么都会吗？"

对这种情况，我们要有高度的警觉性。如果没有高度的警觉性，有一天员工开始骗你了，你能怪谁啊？不要太相信"用人就是要疑人不用，用人不疑"的说法。如果你的座右铭是这句话，那你是不是常常被骗？从来不怀疑任何人，那你准备倒霉好了。

有怀疑心好不好？有时候是好的。西方人往往会觉得疑惑，有怀疑心怎么会好呢？用人怎么可以怀疑别人？中国人却很清楚用人一定要有怀疑心的道理。这就体现出来了东西方的文化差别。举个实例，一个西方的妈妈，五六十岁，发型很漂亮，你跟这位妈妈讲"这位妈妈，你的发型很漂亮"，她一定会说"谢谢你的赞美"，即使你跟她很不熟也没关系，她都会谢谢你。中国的妈妈会这样吗？中国的妈妈，你跟她不熟，无缘无故说"这位妈妈，你的发型好漂亮"，她心里马上会想："你在嫌我脸大，我会不知道？"她会觉得你无缘无故赞美她的发型很漂亮，一定有什么目的，她的怀疑心就出来了。她的头脑是会转弯的。大部分中国人都有这种怀疑心。

中国人认为用人一定要用心，因为有时候优点就是缺点，缺点就是优点。当我们因为疑人不用、用人不疑吃亏的时候，不要怪老祖宗骗自己，因为老祖宗还说过"知人知面不知心""人心隔肚皮"。

《孙子兵法》有云："故不尽知用兵之害者，则不能尽知用兵之利也。"你如果没有被能干的人整过，我不相信你多会用人。你只有被整过才知道，"原来他那么厉害，我一定要好好改变自己"。只有这样，你以后才有可能用比你强的人。可见，中国人用人不是相信，也不是怀疑，强调的是将信将疑。

将信将疑，这四个字中包含有阴阳变化的意义，是高度智慧的话。相信跟怀疑同时存在，重点在哪里？重点在对方的需求。什么东西都可以跟西方人学，但最好要了解适合中国人的三个特殊性：领导、激励、沟通。为什么？因为这三个特殊性用四个字就可以概括——随需而变。

我们要注意对方的需求，对方的需求一旦有变化我们就要知道。也就是说，我们要注意差异化，要注意风吹草动。西方人不太有察言观色这个概念，也不去深究洞察力这个概念，这两个概念在中国人看来却是很重要的。一个领导不会读心术，不会观人，不会用人，是随时可能出问题的。

很多媒体报道，现在骗人的人很多，其实根本不是这样。比如，一个人被骗了17次，记者问他的感想是什么，他居然说第18次会是真的。可见，遇到这类人，警察再多也不够用，不是骗人的人多，而是喜欢被骗的人更多。一个人不增长智慧，警察保护他再多有用吗？没用。同理，如果我们不会用人，请再多人也没有用。

我们也不要一直怪对方，而要像儒家所倡导的那样，反求诸己。比如，女孩子被男孩子骗了以后就说"从此以后我不相信任何男人"，那就不能结婚了。我们不要一竿子打翻一船人。那个人为什么骗的是你？你也要从自身找原因。智者重因，凡夫重果。

一般人只是怪罪那个结果，"我倒霉，我怎么被这种人骗"。你要真正用心去了解一下：你为什么被骗？他为什么骗你？就是因为你相信他。你相信他，给了他机会，他才造就骗你的事实，你要怪就怪自己。

用人的时候，最重要的是先检讨自己的问题。我们不要怪部属很听话，也不要怪部属不听话。一个人很听话，说明他没有动脑筋，做基层员工可以，当干部绝对没办法应变。很多老板觉得自己懂了这道理，"我知道了，我要懂得用不听话的人"。但是这样一来，迟早有一天，老板会被气得心脏病发。

我见到过很多英年早逝的老板，其实大部分都是被部属气死的。管能干的人要有强大的心脏。如果你的心脏不够强大，那下场就可以预知了。你每次管他，他一定会讲，"不用你管，管那么多，你先管好你自己"，而不是说"赶快来管我，我好喜欢被管"，我还没遇到一个说"喜欢被管"的人。

我们也要了解这样一种矛盾的存在：叫你不要管，你还想管他，他就很气；但是你不管他，他会更气。"什么事都不管，你还叫主管吗？"你会发现管人真的很麻烦。

其实，在大部分中国人眼里，最重要的不是管跟不管的问题，而是管理中的"理"字。理是什么？理是在他需要的时候，我们要注意到；在他不需要的时候，我们不要表现自己。一个领导喜欢表现自己，就完蛋了，因为他喜欢表现的都是他会的，而部属早就知道了他的虚实。

总起来说，用能干的人，我们的心脏就要够强大。私底下不听话我们还可以接受，因为不牵扯到面子问题。公开场合不听话，就看我们的心脏够不够强大了。

一个老板经常向我抱怨部属在公开场合不听话。有一次，我对这个老板说："部属做错了，你骂他还可以接受，这次他讲得那么对，你怎么还骂他？"这个老板说的是闽南语："我哪有在骂他？我没有在骂他，我只是在电他而已。讲得对，讲一次就好；讲那么多次，他比我懂吗？他比我懂换他来当老板看看？""电"跟"骂"是有差异的，"电他"就是"整他"。

现在，有很多部属一逮到机会就想办法让老板下不了台，这样做是不可取的。老板身在高位，忌讳的是什么？忌讳的是不定时炸弹突然炸他。如果事先知道今天有人来炸，他可以预防；否则，日理万机情绪已经很不稳定了，在情绪的高涨点突然来一个炸弹，他当场就会情绪爆发。

所以，中国人用人一定要用永不叛变的左右手。我们首先要确定，部属不会在公开场合让人措手不及。公开场合听话，私底下不听话，我们一定要训练出这种忠诚干练型的人来。能干，比我们强，还愿意帮我们的忙，这种人不会太多，每一百个人中只能遇到三五个。我们必须用心去寻找这种真正得力的人，一旦找到，我们的领导和管理也就轻松了。

自我学习心得笔记

能有效掌控有才华者

如果你想知道自己用人的功夫到什么程度了，就请先回答这个问题：是领导比较重要还是管理比较重要？如果你说管理比较重要，那你不太可能是大公司的老板，而应是小公司的老板；就算你是大公司的人，应该也只是部门主管而已。

为什么我们这么断定？因为管理的重点是控制。控制什么？控制缺点，控制比自己弱的人。

比如，父母能够管孩子，能够控制孩子，一般是因为孩子能力没父母强，所以他知道乖乖听父母的话。如果孩子能力很强，父母管得了他吗？那就有点儿难了。

当然，我们也千万不要有这样一种错觉：我要栽培孩子，我就永远都要比他学问大。这样的话，孩子如果读博士，父母都应该是博士研究生导师，但现实情况显然不是这样的。其实作为父母，最重要的是做好子女的品德教育工作，至于孩子发挥什么才能不是我们的事，我们不要想着在才能上指导孩子。事实上，我们在才能上根本指导不了孩子。

我们遇到过这种案例，父母都是硕士或博士，结果连小学四年级的题目都做不出来，备感挫折。我们不要指望自己永远比子女强，那样我们会很累，累也是自己找的。做父母的要有这样的观念：我只注意你如何做人，其他事情，只要你做得比我强，就可以了。如果父母放不开，那一辈子就是劳碌命。所以，越能干的父母越痛苦，这几乎是由我们的民族性决定的。

会做菜的妈妈，其女儿通常是不会做菜的。因为不是强将手下无弱兵，而是皆弱兵。为什么？难道妈妈会隐藏绝招，不跟孩子分享做拿手好菜的秘诀吗？不是这样的。妈妈做这些拿手好菜的时候，女儿看到很不忍心，那么能干的妈妈好辛苦，所以也想帮着妈妈做菜，说："妈，我帮你切菜好不好？"妈妈说："好，你切。"结果女儿一切，妈妈马上就生气了："你切的这菜能看吗？切那么大块！我在你这个年纪的时候已经很会做菜了。"妈妈这样一讲，女儿只有一句话："还是你会切，以后都由你切好了。"所以妈妈一辈子劳碌，怪不了谁。

我们要了解，一个人一定要有本事才能当领导。高层主管为什么叫领导？为什么不叫管理？为什么不叫主管？因为相比于管理风格，领导风格更重要。比如，一个学校，校规没变，校长换人之后整个学校就不一样了。一个组织，制度没变，领导人一换，组织就不一样了。

中国的组织文化跟人有很大关系。曾国藩说："风俗之厚薄奚自乎？自乎一二人之心所向而已。"也就是说，高层的氛围会影响整个组织的氛围。高阶领导者如何用人，这才是重点。

如何用比自己强的人，如何发挥他的优点很重要。也就是说，不是管他的才能，而是要求他忠诚，要求他的心目中有我们。在德行上我们可以要求他，但是在才能上要少要求他，因为我们自己都做不到，我们要求他，只是自取其辱而已。德行上的要求是很正常的，刘备没有诸葛亮聪明，而诸葛亮对刘备一辈子鞠躬尽瘁，就是因为刘备只是在德行上要求诸葛亮，使得诸葛亮心甘情愿追随他。

很多人问我："老师，我们学这些管理的道理是不是有问题？是不是没用？"我说："怎么会呢？领导属于管理功能之一，管理有规划、组织、用人、指导、控制、领导等职能。"

领导在影响着管理。几乎所有的管理问题都可以化解，因为管理是定型的，它是有标准的，所以可以做到众人一致，没有什么差异。真正会造成组织效益差异的是组织的绩效，跟谁当领导有直接的关系。这就是领导功能。虽然领导功能只占管理功能的20%，但是它决定组织绩效80%的效能。中国人常在领导上下功夫就是这个道理。

另外，我们为什么常常把领导跟统御合起来讲？我们先来看看表1-1。统御，简单地说，就是统众御将。众是什么？就是兵。将是什么？将是帅，是将领。是带领千军万马的兵难，还是带领一两个比自己能干的将领难？当然是后者。千军易得，一将难求。

表1-1 老板要能掌控有才华者

	统御	目标	标准	特色	对象	实力	老板内心（私下交流）	老板对外（公开场合）
管理	统众（兵）	做事（制度）	众人一致	控制缺点	基层员工	比老板弱	法家：诚信威严（赏罚分明）	儒家：展现亲和（仁民爱物）
领导	御将（帅）	用人（人性）	因人而异	发挥优点	中坚干部	比老板强	儒家：情感交流（心腹知己）（特别关照）	法家：志同道合（打死不走）（忍辱负重）

中国人很重视把比自己能干的将领找出来，一两个能干的左右手，可以赢过几百个能力一般的基层员工。即使拥有千军万马，如果都是乌合之众，没有几个能干的将领替我们打天下，那也没用。刘邦没有韩信，他也一筹莫展；雍正没有年羹尧，西部也平定不了。但有这样的将领，我们要能掌控他；掌控不住的话，我们也会很辛苦。

"老板要能掌控有才华者"，这说得很文雅，事实上是说老板要能打压有才华的人。为什么？因为我们不能等部属变能干了再去打压他；等他翅膀硬了再去打压他，就起不到效果了。

跟一位总经理聊天的时候，他说："我的一位员工很能干，但是我现在根本管不了他，开业务会的时候其他人都到了，就他没到。"我问为什么，他说："当初他跟我一起打天下，但现在我已经没办法管他了。"我说："那个人是不是业绩很好?"他说:"是的,老师你怎么知道?"我当然知道,业绩不好的人敢迟到吗?业绩不好的人敢比总经理晚到吗?这种能干但不听话的员工,你骂他没有用,你马上让助理去叫他,他还是不会过来,他既然敢不来就一定有理由。果然,那人说过:"业务是做出来的,不是开会开出来的,开那么多会有什么用?无能的人才会一直开会,有能力的人早就把业绩做起来了。"

千万不要以为只用儒家思想就可以了,领导者一定要懂得儒、法并用。中国人在公开场合跟私底下的相处模式不一样,做高层的跟带兵的模式也不一样,这从表1-1中可以看出来。

我们要懂得"扬善于公堂,规过于私室"。对于得力的左右手,如果我们从来不敢打压他,向来对他很好,总有一天他会骑到我们头上,到那时我们也没有办法。**真正聪明的领导是什么样的?真正聪明的领导,就是在公开场合不吝啬自己对员工的赞扬,在私底下也有本事打压比自己能干的员工。**

能干的左右手是要配合我们演戏的,演得好,组织就很好带;演不好,我们再辛苦也没有用。大多数中国封建王朝的统治者,都是采取了外儒内法的方式,为统治披上了仁德的外衣。

现在很多企业中,老板经常骂基层的员工。每当看到这种情况,我就觉得很好笑,这种老板根本就是乱来。基层员工怎么可以骂呢?我们最多能骂中层干部,基层员工我们一骂他,他马上就走了，根本起不到效果。

在中国的企业里，责任最大的是中层干部，也就是中"坚"干部。这里之所以不用中"间"干部，是因为中层干部是企业的中坚力量和中流砥柱。

一般来说，基层员工重视福利。"你福利比同业少，还敢骂我？我还没怪你薪水给得少呢，我马上走人。"如果基层员工马上就走了，会让我们措手不及。基层员工不能骂，真正能骂的只有中坚干部，因为中坚干部相比较而言会忍辱负重。

我跟一些著名企业的高阶主管很熟，我常羡慕他们薪水很高，而他们却有自己的无奈，"不要羡慕我们了，80%是遮羞费"。什么是遮羞费？对此他们也给了解释，"领导脾气很坏，他骂我们的话我们都要接受。我们不接受就得走人，没办法"。一个人如果不能忍辱负重，是没办法承担重任的。

对中坚干部来说，很多时候不是他的错，跟他没有关系，只是他要替组织背黑锅，才是能干的中坚干部。我们不能叫老板去背黑锅，所以中坚干部就要能够担起这份重担。但是干部为什么愿意背黑锅？他不是省油的灯，也不是吃饱了没事做，所以作为领导，我们必须在私底下很关心他，特别关照他，他才会这样做来回报我们。

有的人说自己用人最能够抓到重点，一律一视同仁，听起来很有道理，其实根本就行不通。什么叫一视同仁？一视同仁就是看待每个人都一样，没有是非，没有好坏，做得好也这样，做得不好也这样。但一视同仁就错了。做得好你当然要特别照顾他，做得不好要给他脸色看,这才对。因为你好人坏人分不出来,能人庸人区别不了,所以才会一视同仁。

大部分中国人都很清楚这一点:替你卖命的,愿意接受你骂的,愿意替组织背黑锅的,你要特别关照,因为他是你的心腹知己。这样的人就好比我们的心脏、肝脏,是一辈子不叛变的,尤其是肝脏,到生命的最后阶段,三分之二坏死,才会告诉我们它真的不行了,这就是身体里最卖命的"干部"。

自我学习心得笔记

_____

_____

_____

_____

_____

_____

_____

统兵御将的实务演练

● 问题：

如果你是高阶领导者，过年发年终奖金的时候，本来想以多发一个月的工资作为数额，结果，基层员工到总部抗议，找你协商想调为多发三个月工资："公司赚了钱，分给我们的却这么少，这样做对吗？"这时候你该如何妥善处理？见表1-2。

表1-2 典型问题及处理办法

问题	你是高阶领导者，过年时年终奖金为多发一个月工资，基层员工集体至总部抗议，找你协商调为多发三个月工资，你该如何妥善处理？
办法	阳刚：骂员工不懂事，再计较就将其解雇。
	阴柔：按员工要求调为多发三个月工资，造成公司亏损。
	和谐：先骂直属干部知情不报，事后和解。
【管理是配合】借机找出永不叛变、忍辱负重又能干的干部。	

遇到这样的情况,一般有三种处理方式:第一,骂员工不懂事,得寸进尺,再计较就将其解雇;第二,按员工的意见调为三个月工资,造成公司亏损;第三,先骂直属干部知情不报,事后和解。

如果是没有经验的领导,可能马上就会骂:"员工不分是非吗?我亏损的时候没有人说要减薪,我一赚钱大家都抢着要。"虽然这话说得很对,但员工根本听不进去:"你说今年年终奖金为发一个月的工资,我哪知道是真的还是假的?你说大家都领得很少,我怎么觉得是假的?是不是有两套账?你别在那儿装可怜……"有些"员工意见领袖"专门制造是非,领导者一点儿办法都没有。

如果我们跟他很计较,把他解雇,反而会被他反咬一口,说我们当老板的没有肚量。所以中国人很重视的是什么?宰相肚里能撑船,当老板的一定要有胸襟、有肚量。

那么,这时候我们可不可以客气一点儿,按照员工的意见调成三个月的工资?当然不可以。有经验的人都很清楚,这种要求最好不要马上接受,否则员工会更痛苦。

为什么这样说?举个例子,有人要买一个杯子,卖家说10元,他说只能给5元,卖家马上说好,卖给他。他买了这个杯子回家,一路都会很难过,心想:"我怎么那么笨,马上砍5元,我其实可以砍成2元。"他之所以很痛苦,就是因为卖家同意得太快。所以,我们一定要考虑到中国人特殊的心理需求。遇到这种情况,我们要怎样表现呢?

如果他说只能给你5元,你一定要说不行,然后一直按计算器,

"不行的,这不合成本,怎么可能这样",但其实你心里已经有了结论,就是卖给他。你要满足他受虐狂的心理,有些人喜欢被虐待,你如果虐得他心里很舒服,他自然而然就很配合;你如果太容易满足他,往往还会好心做坏事。

所以,这时我们马上把奖金调成多发三个月工资,事情反而会变得更糟,员工马上会想:"我们怎么那么笨,当初要求调成多发四个月不是更好?"由此可见,有些人是永远不知满足的。

员工需求无度的时候,我们该怎么办?这时候,干部就有了最重要的作用。

我们来看看台塑集团创始人王永庆先生是怎样处理这种事情的。王永庆先生也常常遇到员工来总部抗议的情况,这时候他一定会接见他们,请他们到办公室喝茶,并马上跟干部讲:"你们这些干部是做什么的,员工有这么重要的意见都不讲?"干部们真的没向他反映过情况吗?当然不是。

其实我私底下问过那些干部:"作为干部,你们真的不负责吗?员工跟你们讲的事情,你们没有跟王永庆先生讲?"那些干部说:"老师,你判断一下就知道了。王永庆先生那么精明的人,他可能会不知道?我们可能不跟他汇报吗?我们是要配合他演戏。"

所以,干部最重要的任务是能配合领导者演戏,而且还要演得像模像样才有用。干部被骂了,员工跟干部协调的时候,问:"可不可以调成多发三个月?"干部说:"三个月?我都快被炒了,总经理都要开除我了,还三个月?你们不要害我没了工作。"员工一听这样的话就开始心软了："好吧，那多发两个月行吗？"干部接着说："不行，两个月还是太高了，不可能的，我会被扣薪的。"员工说："那怎么办？"干部说："一个半月可以。"结果以一个半月成交。这时候，干部的重要性就体现出来了。

劳资双方一定是对立的，双方的矛盾一定要靠干部来化解。领导也可借机找出永不叛变、忍辱负重又能干的干部。

● 问题：

如果你是高阶领导者，有事较晚到场开会，一进入会议室却发现秩序嘈杂混乱，这时候你如何快速掌控现场秩序？见表1-3。

表1-3 典型问题及处理办法

问题	你是高阶领导者，有事较晚到场开会，一进入会议室却发现秩序嘈杂混乱，你如何快速掌控现场秩序？
办法	阳刚：先骂职位最高者，造成他记恨离职。
	阴柔：骂听话而职位低的人，别人反而看不起。
	和谐：先骂职位最高者，事后要找机会教育。
【管理是配合】公开被骂才能安稳得权；若未被骂，权力易受挑战。 ①被骂不顶撞老板：能够忍受屈辱才能负担重任，老板才敢授权。 ②被骂敢顶撞老板：不能忍受屈辱，将来可能造反，老板不敢授权。	

这也有三种答案。

第一，你如果学西方的管理方法，马上骂在场职位最高的人，可能会造成他记恨离职。假如你是总经理，直接抓着副总骂，副总会不以为然。大部分副总都是有才华的，你居然在公开场合数落他，还说会议秩序应该由他控制，你无缘无故怪他，他马上就火大了，"又不是我的错"，事后很可能挂冠求去。这样，你就损失了一个强有力的"左右手"。

第二，大部分总经理先骂职位低的人，这样反而会让别人看不起。骂职位低的人有用吗？比如你骂主任，那么高过主任职位的经理、副总经理就会继续吵闹，因为他们知道你只敢打苍蝇，不敢打老虎。所以职位越高的人，越敢跟总经理对着干。可见，处理这种事更考验总经理的功力。

第三，还是要骂职位最高的人，但是在很短的时间内要找机会教育。其实，总经理只有这一条路可走。松下幸之助为什么被称作"经营之神"，这是有一定原因的。我们不要以为松下幸之助很客气、很和蔼，他有一次也当场指责得力干部办事不力，但是当天就打电话给这个干部，只讲了一句话："我想听听你的声音，心情还好吧？"虽然只有一句话，却让这个干部心情变好了。

而有些领导骂人，从来不会认错，他骂你，你不接受也得接受。有很多领导问我这样的问题："老师，要不要事先跟员工讲？事先跟他讲明白再骂他，他可能就不会反弹了，这样是不是会比较有效？"事先讲清楚效果就不确定有那么好了，因为员工会跟领导演戏，事先排练过，并不是真心的。真正厉害的领导总是出其不意的。

中国人很重视"奇正相生"，《孙子兵法》也好，《道德经》也好，都强调"奇"跟"正"的相互转化。比如"以正治国，以奇用兵""以正和，以奇胜"。"奇正相生"的重点在奇，为什么？出奇才能制胜，所以厉害的领导总是会出其不意。

还是上述案例所说的情况，总经理在现场看到一个最高职位的人，比如副总，会直接叫过来骂。这时这种方法比较有用，但是如果处理不好，问题也会随之而来。所以骂完以后一定要找机会进行教育。

如果这个副总当场没有顶撞总经理，总经理就会觉得这个副总可以栽培，因为他至少可以忍受屈辱。总经理事后请他喝咖啡，跟他谈心："你今天被我莫名其妙骂了一顿，有什么感想？"他说："我觉得我很冤枉，我希望你以后不要再这样了。"总经理会说："你觉得我骂你，你委屈是不是？好，我以后会很理性，不会骂你了。"这时副总不要高兴得太早，因为领导的言外之意是，他以后不敢再授权给你了。

为什么？因为能够承担责任的人往往才会有权力。假如现场有三个副总，其中一个副总看到秩序混乱就站出来讲话了："各位，不要再吵了，等一下总经理就要来了，这样吵吵闹闹，对总经理很不礼貌。"如果这位副总之前没有被总经理骂过，他一讲完，也许很多人都听得进去；但还有两个人听不进去，就是跟他一样级别的另外两个副总。这两个副总会很不服气："那么多人可以维持秩序，什么时候轮到你了？"这样的话，站出来的副总虽然当时气愤，但也只会有火没处发。但是，如果这位副总之前被总经理骂过，那结果就不一样了。这时他出来管秩序，两位同级别的副总就不敢讲话了。为什么？因为这时只要一句话就可以让他们无话可说："你们再不安静，等一下总经理来了又要骂我了。"这就等于得到权力了。

所以，我们要了解这一点：被骂的通常是权力最大的人，一般是老板的接班人。被骂不顶撞老板的人，能够忍受屈辱才能承担重任，老板才敢授权；被骂敢顶撞老板的人，不能忍受屈辱，将来可能造反，老板不敢授权。

中国人比较注重能够承担责任的人，只有这样的人，才会被赋予权力。而一味要权力，一味跟老板说"你要升迁我，你只有给我升职，我才能够好好努力"的人，是得不到重用的。因为老板很清楚，到时候你不努力，他一点儿办法都没有。

对本节中所提出的两个典型的用人问题，我们做了归纳分析，总结了三个指标——阳刚、阴柔、和谐，供大家参考，见表1-4。其中，阳刚代表美国式的管理，阴柔代表日本式的管理，和谐代表中国式的管理。遇到问题三思而后行，就是要多想一下这三个重要的方向。阳刚跟阴柔属于两个极端，但也没有绝对的好坏。我们先把这两个方向找到，上限、下限找到以后，就很容易找到中庸之道，找到合理点。

美国式的管理很重视绩效，优点是速度快，缺点是容易失控。这时候我们要非常小心，因为在环境快速变化的情况下这种管理方式往往会发挥副作用。日本式的管理很重视团结，缺点是速度慢，复原也慢。

表 1-4 对用人问题本质的归纳分析

	管理	人群	人与事	情理法	优点	缺点	执行方式
阳刚	美国式	个人	事的绩效	法	快	易失控	霸道（以力服人）
阴柔	日本式	团体	人的团结	情	慢	复原慢	
和谐	中国式	并重	人事并重	理	稳	不服气	王道（心悦诚服）

在中国人的"执两用中"里，快跟慢不是重点。该快的时候不快很危险，该慢的时候不慢也很危险。比如，在一般道路你车开得慢，正好，开得很快的话，大家都怕你；但是在高速公路上你开得很慢，大家就会很气愤："开那么慢，上高速公路来干什么？"所以，中国式的管理讲究人事并重，重点在于时移事易，随时做调和，追求稳定。

这三种方式并没有绝对的好坏。阳刚的管理比较容易失控，因为以力服人的霸道只在短期内有效，长期就没什么效果了。英国 19 世纪号称"日不落帝国"，后来被美国、德国赶超。可见，光靠霸道是不行的。为什么中国的管理强调王道？因为王道是为了让对方心悦诚服，而不是为了征服对方。

自我学习心得笔记

02 用人重本事而非能力

企业中应该形成一种氛围，叫作有本事你就会出头。本事跟能力是不同的，能力只表现在工作上，而本事还要表现在道德、团队精神、人际关系等方面。

能力与本事差异何在

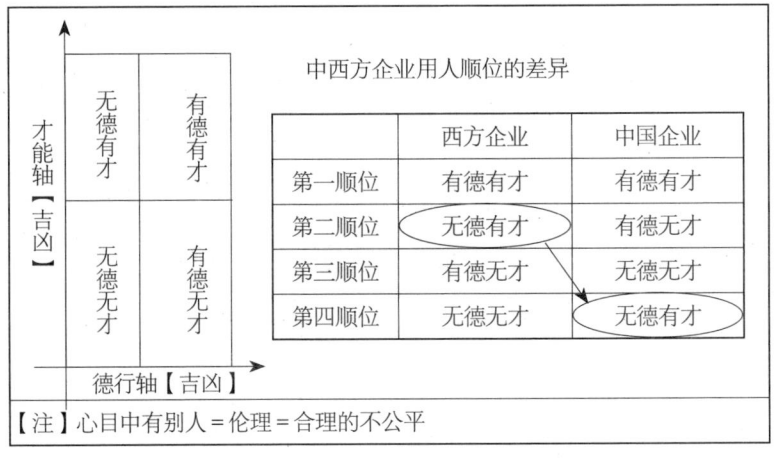

图1-2 用人要重本事而非能力

从图1-2中可以看出，与西方企业不一样，我们的企业用人重视本事而非能力。本事、能力最大的差别在伦理与道德层面。我们这几十年积极推广的教育为什么会出问题？就是因为我们忽略了道德的重要性，其实就是忽视了心目中有别人的人，在职场里这种人就是心目中有老板的人。

　　中国人为什么重视本事，不重视才能？因为才能大家都差不多。你跟同事间的才华差很多吗？你能得 90 分，我也不会太差，至少 85 分不是问题。老板用人的关键常常在伦理与道德的部分，简单地说，就是看你心目中有没有老板。

　　我想大多数人对此还是不太明白，其实我也是一头雾水。因此，我常常问一些老板："你用人的时候不重视他的能力，反而很在意这个人心目中有没有你这个老板，为什么？"得到的答案通常都是这样的："一个员工如果一开始心目中就没有我这个老板，那么随着他能力的不断增长，我会越来越怕他。"这讲得确实很实在，一般来说，员工的能力越强，会对老板越不尊敬，越看不起老板。

　　当然，也有这样的人，他的能力越来越强，也越来越尊重领导，始终感谢领导给他机会。这是由他最初的态度决定的——他心目中有老板。可见，一个人的态度决定他日后的配合程度。我们在挑人的时候，一定要清楚这个人是不是忠诚，会不会配合。中国人在管理中很重视配合度就是这个道理。

　　西方管理的第一顺位跟东方管理的第一顺位是一样的，都是有德有才的人，但是第二顺位就完全不一样了。西方人敢用无德有才的人，中国人敢用无德有才的人吗？在中国人眼中，无德有才的人只能排到最后，甚至还不如无德无才的基层人员。

　　为什么？老板只要有经验就会清楚，他这辈子被谁害得最惨？基层员工会害得他很惨吗？真正害得他很惨的就是当初带给他一大堆客户，结果又把一大堆客户带走的那个人。德行，这个"德"就是眼睛，就是心目中有别人。我常跟年轻人说，你们的皮肤保养得很白，这很好；但是最好不要连眼睛都保养得很白，眼睛保养得很白，闽南语叫"白目"，意思就是眼睛瞎了，心目中没有别人。

心目中没有别人的人很可怕，所以中国人很忌讳人目中无人、没大没小，是有道理的。而且我们在挑人的时候一开始就要挑对，也就是找到志同道合的人。如果一开始就挑错了，以后怎么补救都没有用。

很多人问我："老师，我先把无德有才的人挑出来，然后把他们训练成有德有才的人，这不是比较快吗？比把有德无才的人变成有德有才的人快多了，因为有德无才的人我还不能确定他的才能到底能发挥到什么程度，而无德有才的人，已经能够带客户了，他有才华了，我再好好调教一下他的品德就好了。"

我马上说："他爸爸妈妈二三十年都没把他调教过来，你两三个月就能改变他？你真厉害！中国有一句老话，江山易改，本性难移。中国有这么多的培训机构，我还没见过哪家培训机构能在几个月内改变一个人的品德。什么东西最危险？就是人的心。人的心永远是变化的。所以，《尚书》中讲'人心惟危，道心惟微'。人的变化非常快，我们永远没有办法准确确认一个人的忠诚度。"

统一集团用人注重唯德是用。也就是说，当一个人有德的时候，即使暂时没有才能也没关系，企业还是可以考虑聘用的。因为才能可以经过有期限的训练而得到，而品德却没办法在有限时间内培养。

所以，道德没有瑕疵的人才能进入统一集团，道德有瑕疵的人根本就没有机会。才能不是问题，才能可以慢慢教。虽然统一集团薪资水平只是中等，但由于它比较重视氛围，重视德行，对忠诚度和配合度要求高，因此员工的稳定性很高，常常是父母来统一集团工作了，子女也跟着来了。

现在有很多人说，用人就要唯才是用，并拿这个当座右铭。我们不是说唯才是用不对，但唯才是用是有前提的。唯才是用的前提是什么？就是心够狠，只有心够狠你才能唯才是用。

我们来看曹操，当他怀疑一个人叛变时，他可以装做梦，不小心用剑杀死这个人。你敢这样做吗？你有没有这个本事？你的心够不够狠？如果你做不到，你就别唯才是用，你也不要向人学这一套。

有良心的老板一般没办法这么狠，所以才会以品德为基础。那问题也来了，我们要如何挑有品德的人呢？

● 问题：

一个原本很照顾你的老板，在与你交谈时突然情绪失控叫你去死，你要如何应变？见表 1-5。

很多年轻人一看这个问题就觉得很好笑，其实这个问题表面上很好笑，但是背后有着很深的智慧。很多年轻人很可爱，说："如果老板叫我去死，我马上回头叫他去死。"如果老板的心脏不够强大，是不敢用这种人的。

表 1-5　典型问题及处理办法

问题	原本很照顾你的老板，与你交谈时突然情绪失控叫你去死，你要如何应变？
办法	阳刚：为了争口气，立即叫老板去死。 阴柔：为服从老板命令，真的去死给他看。 和谐：口头上说"好"，不要真去死就好。
【中国人的阴阳文化】虽心中所想才是真，但嘴上要讲好话。	

还有一种年轻人，老板叫他去死，他真的跳楼去死。结果家长就来找老板了，说："你怎么可以这样说话？"老板也很生气，说自己是开玩笑的，"谁知道他那么认真"。十个老板九个脾气坏，有时候他们发怒，我们就权当他们在开玩笑好了，没必要往心里去。

有的人就问："听话也不好，不听话也不好，那怎么办？"在中国社会就是这样，很多事情很矛盾。其实老板如果叫你去死，只有一个标准答案，就是口头上说"好"就好了。就这么简单，因为中国人是有阴阳思想的。

我们不是常说，人在屋檐下不得不低头吗？讲好听话就对了。老板有些时候有太多事情，难免会情绪不好，我们要体谅他。所以干部要知道，当老板说"你给我去死"的时候，千万不要跟老板计较、争执，而要理解老板："老板，你要不要喝杯茶？要不要休息一下？有些事等一下再说。"这样的话，老板就会在心里认可你："果然是我的干部，果然是配合我的干部，懂得体谅我。"中国人喜欢的是体谅自己的人，而不是比自己脾气更坏的人。

  相传，乾隆遇到了一位能干的臣子——刘墉，但刘墉常常顶撞他。有一次乾隆发怒了，说："你给我去死，我再也不想见到你，死得越快越好。"皇帝叫臣子去死，臣子不死不忠。这时候如果继续留在乾隆身边，刘墉肯定马上没命了。刘墉很聪明，赶快躲起来，且急中生智，想出一个办法来。

  刘墉去浴室弄得全身湿湿的，然后主动来找乾隆，乾隆见了他厉声道："我不是叫你去死吗，你回来干什么？"刘墉说："我有去死啊，你没看见我全身湿湿的吗？"乾隆不高兴地说："全身湿湿的又怎样？"刘墉低着头说："我准备去跳河，但我跳的时候被一个人赶回来了。"乾隆问："是谁啊？所有的人里我最大，你不听我的话，还有谁的话可以听？"刘墉回答："不是现在的人。"乾隆疑惑了："以前的人？谁啊？"刘墉点头："屈原。屈原说以前他是因为遇到不好的国君，所以二话不说，跳河死了；而我遇到这么好的国君怎么可以去死，他让我回来。所以，我就回来了。"乾隆听了很开心，心想原来连屈原都知道他不是昏君。

夫妻相处也是一样的道理。先生脾气很坏，太太反而拿着毛巾说："你休息一下，喝杯茶，擦擦汗……"这才叫夫妻。但现在很多夫妻不是这样，先生吵，太太说"你会吵我不会吵是不是"，两个人于是就吵起来，并且越吵越厉害。

现在很多夫妻为什么相处会有矛盾？因为夫妻俩都在外面工作，都有收入，谁也不怕谁。当然，这并不是说经济是决定性的影响因素。

两个人一起吃晚餐，先生比较大男人主义，吃完以后会马上去客厅看报纸。太太也不是省油的灯，看他看报纸，她也跟着去客厅看杂志。先生按捺不住了："你也来看杂志，那碗谁洗啊？"太太只要有收入，尤其收入还不低的话，她会来一句话："谁洗？猜拳啊！一定要我洗是不是？"两个人一言不和就会吵起来。

现在离婚率为什么很高？其实说到底是由夫妻双方相互不尊重造成的。现在提倡男女平等，夫妻双方的权利都差不多。在这种情况下，如果你想吃完饭到客厅看报纸，我教你一种轻松愉快的方法。我吃饭后也想到客厅看报纸，但一想肯定会被太太骂，怎么办？我一定要让她觉得我有帮她忙的意愿才行。我一吃完饭马上就收拾碗筷，帮她拿到厨房，还装作要洗碗的样子。太太说："你要做什么？"我回答："我准备帮你洗碗。"这时太太笑了："不用，你去客厅看报纸吧。"所以，我自然而然就去看报纸了。

大家都觉得我这样做很奸诈，有人就说了："除非我太太没听过你的课，没读过你的书，否则这招就没用了。"我说："不是这样的，其实太太在意的不是你有没有用权谋、是不是奸诈，而是你有没有尊重她。你不尊重她，她心里会想，'我一洗碗你就觉得是应该的，我一辈子都应该洗是不是？我看你干脆去请个菲佣得了！我每天洗碗，跟菲佣有什么不一样？'"

可见，先生不尊重太太，太太的脾气比先生还要大；先生越尊重太太，太太越高兴，这样先生就能去做自己想做的事，其他事太太愿意负责。所以，中国人常说，"敬人者，人恒敬之"。

心目中有别人，这才是符合伦理道德的。为什么很多人会出现道德问题？其实说到底就是因为我们的教育出现了问题，我们普遍重视才能，却忽略了德行。这些年的教育归纳起来就是，"缺德"教育。

重视德行，不是讲一些道德教条性的话，而是真正心目中有别人。我们来看看在一些场合中，心目中有别人的情况，见表1-6。比如，在家庭中，心目中有父母的人，他会做什么坏事吗？不太可能。

如果你觉得让父母丢脸的事就不敢做，那就对了，这证明你心目中有父母。

很多七八十岁的老先生跟我说："我现在有糖尿病，希望有人来照顾我。"我说："你没有子女吗？""有啊，都不在身边。"子女不在身边有什么用？现在很多父母在孩子很小的时候就送他去国外读书，这可能会使孩子从小心目中就没有父母了。心目中有父母的人，不会在父母需要他的时候不回来。父母培养子女，最重要的是看他心目中有没有父母，如果他心目中没有父母，教他多少东西，都是浪费力气。

表1-6　心目中有别人因场合而不同

场合	（心目中）对象	产生效益
家庭	心目中有父母	至少不做让父母丢脸的事
学校	心目中有老师	老师倾囊相授所有秘诀
公司	心目中有老板	特别关照，给予机会发挥
社会	心目中有长辈	贵人主动提供资源帮忙
社会	心目中有同辈	如同朋友、兄弟相互扶持
社会	心目中有晚辈	有亲和力，受晚辈爱戴

- 成功人士除才能外，有三项关键资源：好父母、好老师、好老板。
- 心目中有别人：要用态度做出来（无形），不能光靠嘴巴说。

人们常常认为，学习成绩最好的学生最讨老师喜欢，我也问过一些老师："老师，你是不是重视成绩最好的学生？"对方的回答一般是这样的："哪有？我反而比较在意心目中有老师的学生。"我问："怎么说？"对方笑着说："我有个学生，每次我讲完课，他就会对我说：ّ老师你口渴吗？我帮你准备了一杯茶，你喝吧。你会不会太累？你要不要休息？'我觉得这个学生真的很不错，所以我很照顾他，会针对他的学习情况进行答疑解惑。"

由此可见，心目中有老师的学生，成绩自然会好，想不好都很难，因为老师会倾囊相授所有秘诀。

同样，心目中有老板的人，老板自然也会关照他。另外，贵人不会在自己脸上写着"我是贵人"，所以想要得到别人的栽培，我们就要多用心。我们心目中有长辈、有同辈、有晚辈，我们就会发现一切都变得很好。

一个人成功了，不是因为自己有多了不起，而应该感谢自己有三项关键资源：好父母、好老师、好老板。

你如果没有好父母，这辈子会很累。你要是不相信，从孤儿院出来拼给大家看看。所以人要懂得感恩。人一出生就可以走路吗？你长大成人，能够有今天这样的成就，要想想当初在你很小的时候，不能走路，不会说话，是谁照顾你吃喝的。现在很多年轻人没想过这些，总觉得自己了不起，让父母很寒心。我们要感谢好父母，感谢好老师，感谢好老板，做懂得感恩、懂得惜福的人，福气自会享用不尽。

一个人最重要的是要有自觉心。自觉心是什么？就是别人对你客气的时候，你心目中要有别人。老板对你很客气，并不代表你可以得寸进尺。很多人不是这样，如果老板很客气，就觉得可以骑到老板头上了。这是不对的。

心目中有别人，要用态度做出来，不能光靠嘴巴说。 你如果一上班就立刻跑到老板办公室，说："老板，我心目中有你。"老板会被吓死:"你在干什么?你是不是做了什么亏心事?"中国人永远是用行动来表明一切,不只是用嘴说出来。

自我学习心得笔记

培育人才的两大方向

我经常问一些企业老板:"为什么要读《三字经》?为什么要读《弟子规》?"得到的回答一般是这样的:"不知道。""只是背一背。"所以我常常直接问老板:"一棵树,树干粗壮、树叶茂盛比较重要,还是树根稳健比较重要?"老板一开始是犹疑不决的,后来听我说树根稳健比较重要,也认为是对的。

我又问:"在培育人才上你现在主要做什么?"对方说:"我专门教他一些才能方面的东西。"这样的话,老板专门把树培养得枝繁叶茂,结果这种树却经不起考验。

《易经》的坤卦里讲:"地势坤,君子以厚德载物。"品德是打地基,当地基不好的时候,楼盖得越高,倒得越快。从图1–3中可以看出,一个人的品德好比树根,一个人的才能好比树叶,只要其树根很稳健,就不用担心他以后遇到大风大浪,因为大风大浪是折损不了他的,即使树叶都掉光了,也会春风吹又生。

	品德（做人）	才能（做事）
道术	方向（道）	速度（术）
对象	群体（合群）	个人能力
以身作则	身教（√） （影响力、尊重）	言教（×） （指责、命令）
获得	从小养成习惯（EQ）	多学就会（IQ）
学问	中国：经——长期 四书、五经、《弟子规》等	西方：变——短期 管理、科技、会计等

【才能（树叶），做事】
【品德（树根），做人】

- 《三字经》：首孝弟（悌），次见闻。知某数，识某文。
- 《弟子规》：泛爱众，而亲仁。有余力，则学文。
- 《论语·学而篇》：弟子入则孝，出则弟（悌），谨而信，泛爱众，而亲仁。行有余力，则以学文。

图 1-3　培育人才的两大方向

　　企业在培育人才上无非两大方向：重品德，重才能。也就是说，重做人或重做事。中国人比较重视的是品德，唯德取才。

　　中国历史悠久，几千年来，有很多圣贤，为什么经典书籍却并不太多？书虽然很少，但是它们都有一个重点，是教人品德用的。可见，中国人重视教人做人的道理，而且这是要从小养成习惯的。

　　《三字经》中有一句很重要的话："首孝弟（悌），次见闻。"意思是一个人首先要学的是孝敬父母和兄弟友爱的道理，接下来是学习看到和听到的知识。也就是说，孝敬父母、友爱兄弟是做人的基础。《弟子规》中也有一句很重要的话——"有余力，则学文"，其实这句话源自《论语·学而篇》中的"行有余力,则以学文"。为什么这句话很重要?这句话看起来很简单,似乎小学一年级的学生都懂,但是很多人并没有了解它真正的用意。"有余力,则学文"不是说有时间就写写文章、看看书,而是说当我们把做人的道理都弄懂了以后,还有多余的时间,再看看书增加才能。这是好事,但在做人的道理没弄清楚之前,看再多书都是白看。因为我们中国人重视的是把人做好。

事实上,中国人在品德的要求上比较重视两个"面对":面对他人,面对自己。见表 1-7。

表 1-7 用人先重品德:唯德取才

一、面对他人:在群众中,完成自己	
成功	【实时机会】★【平时人缘】★【时时努力】
成功因素	【天时地利】★【人群和谐】★【自己才能】
本事(合群和谐)	【心目中有别人】★【才能】 【伦理与道德】★【个人的能力】
二、面对自己:利从义来,能而不为	
德本才末	【德行(道)】★【才能(术)】
组织永续经营	【正负号】★【数字大小】
方向＞速度	【方向(做人)】★【速度(做事)】

面对他人的时候,在群众中完成自己。也就是说,要心目中有

别人。天时不如地利,地利不如人和。我们的机会再好,人缘不好也没有用。做小事靠自己,做大事要靠别人,我们一定要有这样的认识。

面对自己的时候,利从义来,能而不为。儒家教我们不能讲利,而强调本末之道。利是末,重点不在于要不要求利,而在于强调义的重要性。义不关乎钱财的多寡,而关乎钱财是否合法。不应该拿的,再少也不敢要,再多也不能要,因为这是不合法的。

我们中国人很重视正负号,然后再看数字之大小。数字再大,如果是负号,也比不上是正号的小数字。所以企业用人时都很在意员工是否正德。《尚书》中讲"正德、利用、厚生、惟和",既正人德,又正物德,方能利用自然资源,以达使人们生活富足、社会和谐的目的。也就是说,造福人群要有一个前提——正德,惟和、利用,才能厚生。这时,不妨反思一下,我们的道德是正的吗?我们企业的道德是正的吗?企业如果出产黑心商品就是黑心企业,这种企业再大最终也会倒闭。

中国人认为:做人比做事重要,方向比速度重要。利令智昏,给你的钱很少的时候,你不会心痒痒的;但给你的钱一多,你还能把控住自己吗?比如,有人给你100元,你可以不拿;有人给你100万元,你心里觉得有点儿痒了;有人给你1000万元,你开始按捺不住了;有人给你1亿元,你马上接住,从此陷入自毁前程的泥沼。

上天赋予我们才华或钱财是为了考验我们的品德。如果等到赚大钱的时候，我们才开始准备修炼自己的品德，那就来不及了。品德是平时修炼出来的，品德修炼不好的人，是经不起考验的。我们重视一个人的品德，就是这个原因。

自我学习心得笔记

_____
_____
_____
_____
_____
_____
_____

孝悌之道与永久人才

如何有效运用一流人才呢?

我们先来看看孟子的"五伦"讲了什么:父子有亲,君臣有义,夫妇有别,长幼有序,朋友有信。见图1-4。

世界上最懂得人际关系的是中国人,但是中国人在五伦关系上越搞越乱,似乎五伦都不够用了,还得有六伦、七伦才行。事实上,五伦真正关乎的只有两个关系——孝和悌,真正讲的是孝悌之道。上下之间的关系是孝,平行之间的关系是悌。父子有亲,君臣有义,属于孝的部分,关乎上下关系。平行关系呢?长幼有序,朋友有信,属于悌的部分。夫妇有别,两种关系兼有。

中国人很重视孝悌,孝悌是第一顺位。

康师傅集团用人时不是看一个人的学历,而是看他是否懂孝悌之道。我们再来看图1-4,深灰色这块叫血缘区,浅灰色这块叫非血缘区。有人说,一个国君,想要找一个好的臣子,怎么找?去臣子家里看看就知道了。康师傅集团在确定应聘者所有的考验都通过、所有的测试成绩都很不错之后，会做家庭访问，马上打电话到应聘者家，问："你儿子是谁？是不是有这个人？他多久回来一次？"如果他爸爸或妈妈说"我已经好几年没有见到他了"，那他肯定不会被录用，因为他不懂孝悌之道。

	五伦	生活	说明	序
上下（孝）	父子有亲	宗教	道德的根本	主导
	君臣有义	政治	德行的客观要求	
平行（悌）	长幼有序	社会	爱初步落实	
	朋友有信	德行	人格再提升	
兼	夫妇有别	情爱	人我合一的具体圆成	圆成

《论语·学而篇》：其为人也孝弟（悌），而好犯上者，鲜矣；不好犯上，而好作乱者，未之有也。君子务本，本立而道生。孝弟（悌）也者，其为仁之本与！

图 1-4　有效运用一流人才

教育的"教"跟孝悌之道的"孝"有什么关系？为什么"教"里边含有孝字？上下之间对我们最重视、最有恩情的是我们的父母。教育最重要的观念是不孝不教，与父母相处不好的人，不用再教他，教再多也是白教。人们常说"忠臣出于孝子之门"，是有一定道理的。

《论语·学而篇》中讲："其为人也孝弟（悌），而好犯上者，鲜矣。"就是说，懂得孝悌之道的人，一般不会跟上司顶撞。只要他跟家人相处得和谐，他在公司基本上不会引发太大的问题。这样的人，企业可以放心用。只是，现在很多企业很少做家庭访问，总是相信员工的履历表，相信他自己说的。这比较危险，因为我们相信什么，他就可能用什么来骗我们。

我听到过这样一段对话——

老板说："你计算机都不懂，是怎么进来的？当初招聘的时候不是有问卷，问过你计算机能力强不强吗？"员工说："我知道，有问过我计算机水平。"老板说："你不会就不能说会啊。"员工说："我说不会怎么能进来呢？"

你也许会说，这不是说谎吗？当然，我们不提倡说谎，也不喜欢说谎的人，但这也从侧面反映了中国人懂得根据情况抓住机会。如果什么事情都来真的，不会就说不会，那可能什么公司也进不去。

西方人填问卷都很认真，中国人填问卷一般是根据不同情况来区别回答的，比如给谁看、需不需要留名字等都是重要的影响因素。如果是给领导看，那肯定会写好听的；如果填完有礼物就会认真填，否则随便填一填就算了。

我们在挑选人才时，如果用问卷的形式，是找不到人才的，因为大多数中国人考虑的是这个东西对他有没有帮助，会根据利弊来作答。

我们一定要了解，"君子务本，本立而道生"。一个人才能不能用，要看他跟家人相处得怎样。同理，越懂得跟家人相处，跟家人关系很和谐的领导，也越能够掌握用人之道的重点。

公跟私，其实要合在一起想。为什么公跟私要合在一起想？因为我们的员工，当他上班越认真的时候，当他越为公司尽力的时候，就是他家人越讨厌你的时候。

他越尽力，家人就越生气，他太太就讲了："那么尽力，薪水有增加吗？"薪水不会马上增加，所以太太生气是可以理解的。他每天为了工作，那么晚回家，太太说："那么认真工作干吗，职位有提升吗？"也没有，因为这不是马上就能有的事。问题是，枕边人的细语胜过老板一个月一次的奖励，每天枕边连续说刺耳的话，到后来认真的员工也可能离职。

我们最欣赏的人最后为什么都走了？我们一定要用心考虑一下这个问题。

台湾裕隆集团严凯泰先生为什么能把企业做得那么大？他的本事就是懂得中国人的一套。在他还是集团旗下企业裕隆汽车总经理的时候，他的左右手——一个副总的儿子考上大学，他居然买了一块年轻人很喜欢的手表送给副总的儿子。他叫来副总说："这不是给你的，是给你儿子的。"副总说："为什么给我儿子？"他说："因为你儿子考上大学，考得不错，这是我给他的奖励。"副总的儿子戴着爸爸企业总经理给的手表，心里肯定会这样想：我爸爸一定表现得不错，否则总经理怎么注意到我了呢？儿子开始对裕隆集团有好印象，甚至可能会有这样一个志向：大学毕业后一定要去裕隆集团工作。另外，副总的太太也会这样认为：我先生一定表现不错，否则怎么会让总经理注意到我家里的人呢？

这就是严凯泰先生的厉害之处，把员工家人的心也买进来了。所以，中国人的公跟私都是合在一起想的，也就是工作跟家庭是分不开的，领导越懂得这样的道理，就越能够有效运用一流人才。

自我学习心得笔记

03 协作
用脑
更用心

协作有没有成功的可能，完全看彼此的感应是强还是弱。但是有感应还不够，我们还希望善感善应，即你往积极的方面去做，我也往积极的方面去做，其乐融融，合作起来也更愉快。

有感有应协作最有效

感应听起来很抽象，实际上中国人对此应该是不陌生的。中国人始终讲究有感有应，即我对你怎样、你对我怎样。领导与部属之间的协作成功不成功，完全看彼此的感应是强是弱。领导跟部属之间最大的感应力是什么？也就是说，领导做什么事情具有最大的力量，让部属最感动？见图 1-5。

据《易经》咸卦所述，最大的感应力是无心之感。咸卦是什么意思？《易经》中讲感应的卦为什么不叫感卦而叫咸卦？"咸"，是感受的"感"去了心字底，就是说，你要感动别人，一定不要别有用心。存心去感动别人，是感动不了任何人的。人跟人相处，对方感受到的最大力量是什么？就是我对你的好，我没有任何目的或心机，这时候你的感受才是最强烈的。

为什么人们常常说这一辈子无论怎样都要孝顺父母、配合父母？因为父母大多是无私的，对子女的好从来不要求子女回报。

但是，也有父母不是这样的，他对你好，他是有要求的。他心里始终想着:"我对你好,你知道吗?我给你那么多东西,你知道吗?"子女在他身上得不到最大的感应力。一般来说,父母越要求子女,子女就越觉得父母才给这么一点儿,还讲要求;父母越想跟子女表功劳,反而越什么东西都得不到。

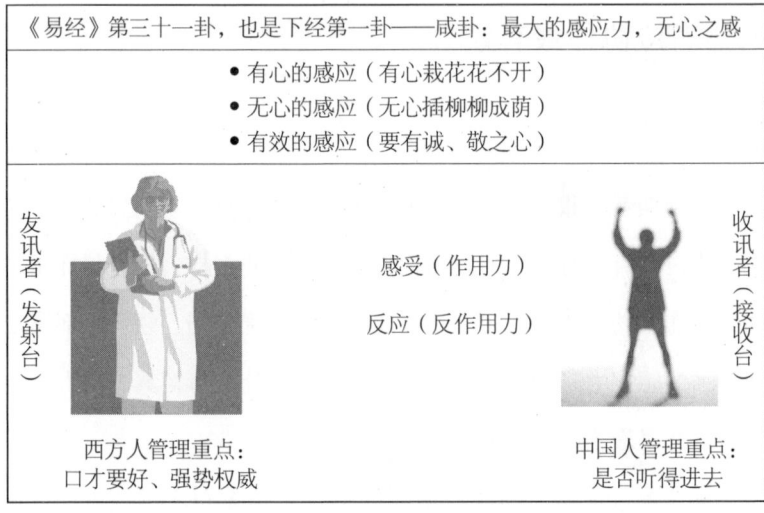

图1-5 领导者与部属之间的互动

我们要清楚一点,当一个人很想讨回他对别人的人情付出的时候,最后他会连本金都输掉。

举个例子,有个妈妈最喜欢讨回人情,儿子退伍回来,一两年找不到工作,妈妈就忍不住了:"儿子啊,我养你那么大,就是希望你找个好工作,结果你两年都不找工作……"儿子被逼急了会说什么?他说:"好了好了,你到底要多少?你养我到这么大到底花了多少钱，讲清楚了，以后一次性还给你。"如果最后造成亲子决裂，那也是妈妈自己造成的。

什么叫感应？有心栽花花不开，无心插柳柳成荫。

西方人的管理跟中国人的管理是不一样的，西方人比较重视发讯者，而中国人比较重视收讯者。一个电台发射讯号给收音机的时候，如何确保收音机收到？西方人重视发讯者，所以会买最好的电台，发射最强的信号，但如果收音机根本就没有开，这有用吗？中国人重视收讯者，也就是重视部属是否想要听领导的话，如果部属不想听领导的话，领导口才再好有什么用？领导讲话抑扬顿挫，讲得很有道理有什么用？中国人比较务实，往往不优先考虑电台发射信号强不强，而更重视收音机有没有开。也就是说，中国人比较重视部属是否在听，是否听得进去。当部属想听的时候，就算发射时信号不好、有噪声，他还是会想办法听清楚的。

可见，我们中国人比较重视的是对方的感受和反应，也就是作用力跟反作用力是否能够同时在对方身上出现。比如，父母越关心子女，越在意子女的表现，就越会造成子女的压力，反而使子女施展不开。这就是有心栽花花不开。用人、带人和教育子女一样，其中都有浇花的哲理：花是自己生长的，不是你浇它一次它就能开花的；你要让它自己自然生长，不能让它压力太大。

中国人一般认为，施恩不望报。会带人的老板，对部属很好的老板，得到的结果完全不一样。

我们用数字来做参考：假设你对部属来说是60分，你根本不能指望他会回报你；即使部属对你来说是 0 分，你也无所谓，你自然而然就会感到愉快；如果你给部属 60 分的关爱，就希望他至少回报 60 分，那你就会有压力，因为有期望就容易失望。

我们要记住，我们对部属好，是我们应该做的，我们并不要求他回报什么。我们越是这样，部属反而会不好意思，心想："我遇到那么好的领导，不回报他行吗？"他可能会超出我们的期望，回报我们 80 分，甚至 100 分。

所以，领导与部属之间有效的感应本身是有互动的，这种感应力需要我们用心体会。

那么，领导者与部属之间是如何感应的呢？

为什么很多企业做不大？真正的感应力是一种很神秘的东西，就像老子讲的"玄之又玄，众妙之门"。

领导跟部属之间有一种感应力很玄妙——异性相吸，见表 1-8。这并不是说领导与部属的性别不一样，而是说领导要有能力统御部属。比如踢足球，领导是神射手，部属还不会踢球，只是球员，部属会跟领导互动得很好。为什么？因为一个会，一个不会；不会的可以学习，很钦佩会的。但是，这个部属不长进还好，如果他很长进，他跟领导都很有能力的时候，就好比一个足球队有第一神射手、第二神射手，那他们之间的互动就很难了。为什么？两个人都抢着拿球。而当第一神射手把球拿走以后，第二神射手没有球了，他就没有得分机会，这容易产生冲突。

所以，很多企业发展到一个阶段以后，往往突破不了瓶颈，怎么办？这就需要领导者从儒家思维转变成道家思维。这时，领导变成教练，不再上场踢球，把舞台让出来，让部属成长。这样，领导反而会拥有多位神射手，随时接受他的调度，他才会无为而无不为，才会有更多人可以用，企业才会越做越大。

表 1-8　领导者与部属之间的"异性相吸"

组织	领导者表达	领导者	部属	备注
大型	答案变问题	无为（教练）	大有为（多位神射手）	道家思想（让部属成长）
中型	有好的答案	大有为（第一神射手）	有为（第二神射手）	易生冲突
小型	没有好答案	有为（神射手）	不为（球员）	儒家思想（对自己要求高）
《道德经》：玄之又玄，众妙之门／无为而无不为				

如果领导一直作为神射手，是很不错，但是球队一定要他在的时候才能打球，这样的话领导就要保证自己不能生病、不能缺席，否则整个球队也跟着垮了。由此可知，企业的运作是有它的机制的，离不开领导与部属之间的有效感应。

其实，领导与部属之间的感应是强是弱，取决于领导怎么对待部属。《孟子·离娄篇下》中说："君之视臣如手足，则臣视君如腹心；君之视臣如犬马，则臣视君如国人；君之视臣如土芥，则臣视君如寇仇。"从中可以看出，领导与部属之间的感应状况分为三个层次，见表1-9。

表1-9 领导者对部属的心态：主敬不主恩

等级	合作状况	领导者看待部属	部属看待领导者
第一	心腹知己 （情：看得起）	手足 （左右手）	腹心 （完全服从）
第二	运用资源 （理：一般性）	犬马 （利用器具）	国人 （陌生路人）
第三	抛弃废物 （法：看不起）	土芥 （土草贱物）	寇仇 （强盗仇人）

《孟子·离娄篇下》：君之视臣如手足，则臣视君如腹心；君之视臣如犬马，则臣视君如国人；君之视臣如土芥，则臣视君如寇仇。

第一层次，重用情，领导看得起部属，领导把部属当作手足，也就是把部属真正当成左右手，部属也会成为领导的腹心，完全服从领导。所以，我们中国人很注重带出几个心腹知己，几个配合自己的干部，就是因为这个道理。

第二层次，领导只是把部属当作可以运用的资源，即一般性的利用器具。如果领导只是把部属当作犬马来带，那部属也会把领导当作"国人"，即陌生路人对待。比如，总经理走到路边，部属看见了也装作没看见，总经理就会发现自己做人有问题；如果他真的做得好，部属会主动来跟他打招呼。

所以，领导如果只将部属当作资源利用就错了。我们不能把部属当资源，因为人是资本不是资源。现在，我们的人才能力发挥有问题，就是因为我们把人当成资源了。

《道德经》中说："故道大，天大，地大，人亦大。域中有四大，而人居其一焉。"从图1-6中可以看出，人掌握资源、主导资源，比如事情、物料、设备工具、文件等，人是主体。我们也常常讲"不为物役"，就是说人不要被物控制住。玩物是会丧志的。

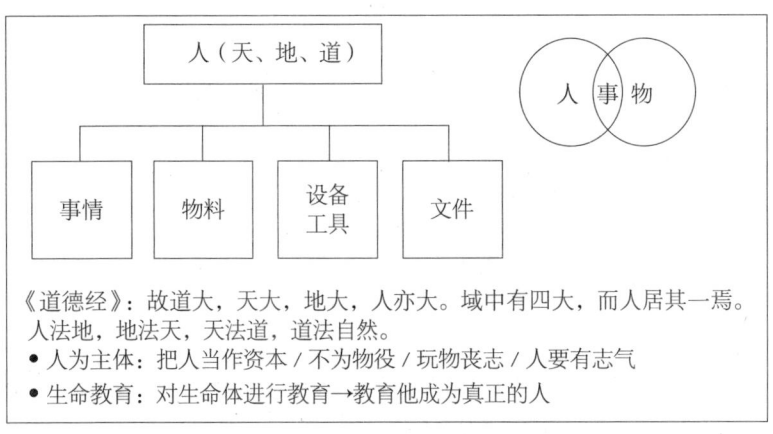

图1-6　人是运用各种资源的主体

一个人很喜欢去KTV唱歌，只有去KTV他才高兴，那这个人的境遇很悲哀。为什么？因为他只有在KTV的声音出来的时候才会唱歌，才会快乐，平时很难开心。人生最可贵的是随遇而安，一个人什么时候唱歌都可以，什么时候唱歌都快乐，他才会始终保持快乐。

为什么人生不如意事十之八九？因为我们的物欲要求太高了，我们的满足条件太高了。中国人常说知足常乐，知足常乐的前提是理性追求，所以要合理降低自己的标准。

人是运用各种资源的主体，千万不要反过来被资源控制。举个例子，一个人电子游戏玩得太多，到最后不是他在玩电子游戏，而是电子游戏控制了他。

大家都知道，电脑是方便工作的工具，是被我们利用的工具，但现在很多年轻人一天不上网就觉得不对劲，完全被电脑控制了，上网有瘾，跟吸了毒似的。这就是玩物丧志。人一定要有志气。我常常问年轻人为什么读书，如果听到的答案是为学历而读书，那我就知道他上不上学无所谓了。我们一定要纠正年轻人为学历而读书的观念，把他们教育成为真正的人才。

我们要注意把部属当人看，让部属成为真正能掌控各种资源的主体。

第三层次，这是部属最忌讳的，很多领导一有钱，就用看不起部属的模式，用抛弃废物的方式来和部属合作。领导把部属当作土芥，即土草贱物一般踩踏，使得部属把领导当成寇仇，"你让我丢脸，我也不让你好过"。

某著名企业的一位主管曾向我透露过这样一件事情：老板有一次让他很没面子，他一生气就往电脑中植入病毒，使公司全部电脑中毒。对部属来说，老板是否看得起他很重要。老板越看得起他，他越会多做一点儿；老板越看不起他，他越是什么事情都要跟老板作对。

作为一些企业的顾问，常常有员工跟我说："你可不可以直接跟我们老板讲一下这些事情？"我问道："你为什么不自己去讲？"对方说："我干吗要讲？我又不欠他的。"员工觉得老板对他不怎么样的时候，是不想跟老板多讲话的。

所以，作为老板，一定要懂得多向部属请教看法。中国人用人强调主敬不主恩。敬，是看得起他；恩，是不要讨人情。这是用人的重要原则。

自我学习心得笔记

_____

_____

_____

_____

_____

_____

_____

分工合作各尽其所能

那么,领导跟部属之间是怎样进行分工合作的呢?我们来看看表1-10。

表1-10 领导者与部属有效的合作分工

《人物志》:夫一官之任,以一味协五味;一国之政,以无味和五味……故臣以自任为能,君以能用人为能;臣以能言为能,君以能听为能;臣以能行为能,君以能赏罚为能。所能不同,故能君众材也。								
君臣	对象	策略	作为	职责	调味	用人	官能	权责
君(帅)	将将	战略(整体)	无为	一国之政	无味和五味	能用人	能听	能赏罚
臣(将)	将兵	战术(个人)	有为	一官之任	一味协五味	自任	能言	能行

《人物志》是一本非常不错的关于人才培育的书,它主张的一个观点我们可以参考,就是选拔人才时首先要明确需要的是"将将

之才",还是"将兵之才"。也就是说,我们先要明白自己要找的是战略人才,还是战术人才。

《人物志》中讲得很贴切:"夫一官之任,以一味协五味;一国之政,以无味和五味。"这是什么意思?水没有味道,但它可以调出酸、甜、苦、辣、咸味,所以我们不要觉得水很淡就没有用。真正平淡的人才,往往能够用所有的人才。真正的臣子,他只是一味,他能跟五味互相协调,却没有办法融合五味。能用人跟自任是不一样的,"臣以自任为能,君以能用人为能"。

另外,"臣以能言为能,君以能听为能"。就是说,对臣而言,能言比较重要;对君而言,能听比较重要。作为企业老板,如果我们喜欢讲答案,就听不到部属的任何答案,中国人强调兼听则明是有道理的。说跟听是互补的,一个人说得太多,就没法用心听了。话太多,部属未必愿意听,甚至可能看到他就反感了。而且话多,出毛病的机会就多;少说话,才会用心去听部属的话。部属看我们话少,也觉得我们说的话宝贵,才会用心来听。

"臣以能行为能,君以能赏罚为能",是说君跟臣的权责也有差异,臣的重点在能行,君的重点在能赏罚。所以,领导者一定要懂得赏罚分明,部属一定要有执行力。

综上可知,领导者和部属之间有效的分工合作,才能使领导者的"无为"全面掌控部属的"有为"。

领导者必须有"将将"的战略观。"将将"与"将兵"有何不同?我们先来看看《资治通鉴》中的一则故事。

有次闲暇时刘邦与韩信讨论各位将领才能的大小，刘邦问："你觉得我大概能统率多少兵马？"韩信说："陛下不过能统率十万。"刘邦又问："我统率十万兵马，那你能够带多少兵马呢？"韩信说："我是多多益善。"刘邦很生气地笑道："你多多益善，你了不起，你可以带很多人，为什么还被我抓起来了？"这时候韩信知道自己讲错话了，马上说："陛下不能将兵，但是善于将将。"

"陛下不能将兵，但是善于将将"，韩信的这句话很关键，指出了刘邦跟他们这些将领之间的差别。韩信、张良、萧何都比刘邦能干，为什么愿意跟随他？因为刘邦最大的特质是善于将将，所以比他能干的人都愿意为他所用。善于将将，是领导者必须具备的特质。

那么，领导者怎么才能很好地"将将"呢？见图1-7。

	国君	有专长的功臣	
无为才能无不为	刘邦	• 运筹策帷帐之中，决胜于千里之外，吾不如子房 • 镇国家，抚百姓，给馈饷，不绝粮道，吾不如萧何 • 连百万之军，战必胜，攻必取，吾不如韩信	
	刘备	赵云、张飞、关羽、诸葛亮	
	国君	下场悲惨的功臣	冲突原因
勿功高震主	刘邦	韩信	自立为齐王
	宋高宗	岳飞	欲接回宋徽宗、宋钦宗
	雍正	年羹尧	功高而傲慢无视、不守臣礼

图1-7 领导者与部属相处之道

刘邦为什么能够把天下打下来？因为他很清楚自己的定位，他懂得自己不如别人，他说："运筹策帷帐之中，决胜于千里之外，吾不如子房（张良）。镇国家，抚百姓，给馈饷，不绝粮道，吾不如萧何。连百万之军，战必胜，攻必取，吾不如韩信。此三者，皆人杰也，吾能用之，此吾所以取天下也。"

项羽又高又帅，出身贵族，而且年纪轻轻，二三十岁，他得天下理所当然。而刘邦流氓一个，五十几岁还想当皇帝，这根本不可能，结果刘邦却当上了皇帝。项羽有范增，但是有用吗？没有用。范增多次提醒项羽，刘邦这个人不杀掉不行，但项羽妇人之仁，有什么办法？所以项羽最后落得自杀下场。

还有，赵云、张飞、关羽、诸葛亮，这些当世英雄为什么会心服口服听刘备调遣？这说明刘备不是一般人物，懂得"无为而治"的领导秘诀。

我们作为企业领导者也要懂得，无为才能无不为，部属比我们强是好事，知人善任，合理定位自己，充分利用部属的优势，这就对了。

前文说过感应，其实有感应还不够，我们还希望能够善感善应。我曾经问一位非常受器重的干部有什么感想。他说，老板很会利用他的长处。这是一种想法，我们不能说他的想法不对，但他也可以这么想，老板对他很礼遇，给他这么好的机会，他应该心存感激。

但部属不可功高震主。部属如果功高震主的话，下场会很惨。历史不断地告诉我们，能力强不是重点，重点是你心目中没有国君，你心目中没有国君,你的下场就会很惨。

韩信自立为齐王,惹得刘邦大怒。岳飞呢?最终被陷害致死。宋高宗偏安江南,岳飞其实很有能力,但是他常跟宋高宗说要把宋徽宗、宋钦宗接回来,宋高宗当然很生气,把他爸爸、哥哥接回来,他皇帝的位置就受到威胁了。年羹尧也是一样。年羹尧为雍正登基立下大功,但后来变得骄奢淫逸,不遵礼制,嚣张跋扈,得罪了太多人;最重要的是,他志得意满,进而做出了许多超越本分的事情,"无人臣礼",让雍正觉得他对自己的权力产生了威胁,最终招致雍正的警觉和忌恨,以致家破人亡。

领导要懂得无为才能无不为,才能"将将"。部属勿功高震主,才能与领导和谐相处。

自我学习心得笔记

_____

_____

_____

_____

_____

_____

阴阳调和要讲究时中

领导与部属之间有效的配套是双重配套,即阴阳配套。见表1-11。

表 1-11 领导者与部属的双重配套

易经	场合	老板/主管	部属/员工
阳(表)	对外公开 (威的展现)	主:权威展现 (展现老板魄力)	从:服从老板 (心目中有老板)
阴(里)	私下互动 (恩的施与)	从:听从建言 (让他表现成就)	主:勇于负责 (积累管理经验)

- 中国人把修身、齐家、(立业)、治国、平天下整合来用,而非分开。
- 时中:执两用中、阴阳调和。如:恩威并用、宽猛相济、能屈能伸。

阴阳配套真的这么实用吗?真的可以广泛运用吗?领导跟部属之间的双重配套做得好,可以"修身齐家治国平天下"。为什么这样说?老板对部属,父母对子女,其实都是一样的配套——一个是主导的,一个是从属的。在这个配套中,我们要特别注意阴阳表里的变化。

我们要懂得时中。时中是什么？就是要懂得"执两用中"之道，懂得阴阳调和之道。执两用中，这四个字中是有阴阳变化的，是有高度智慧的。恩威并用，到底给恩还是给威？宽猛相济，要宽还是要猛？能屈能伸，到底是伸还是屈？这当中的道理我们如果不懂的话，会觉得：那么模糊让人怎么用？

其实，大道至简。尤其在积极引入西方管理理论以后，我们自信心丧失，总是怀疑是不是中国人不行。事实上，中华文化有着很深的智慧。比如恩威并用，包含时间概念，也包含空间概念。时间上，我们要先威后恩。威，就是一定要给他下马威。先威后恩就是先紧后松，先对他严格，确定他配合得很好的时候再放松。空间上，公开场合，就是有第三者在场的时候，或是有陌生人在场的时候一定要展现威，私底下互动时要施予恩。这种时间上和空间上不一样的配套就是双重配套，运用了阴阳变化。

领导与部属之间为什么要这样双重配套，这样做有什么实际好处？

第一，公开场合部属服从领导，心目中有领导，利于展现领导的权威，体现领导的魄力。我们一直在强调，一个人没有三分魄力、三分霸气，最好不要当老板。比如连生气都不会的话，纵使他是老虎，人家也会把他当病猫。他越不会生气，人家越觉得他好欺负。

第二，私底下领导听从部属建言，让部属表现成就，部属才能勇于负责，以积累管理经验。

除双重配套外，还有三种比较常见的组合，见表 1-12：

表 1-12　各级配套的效能分析评估

效能	状态	场合	老板/主管	部属/员工
第一	中和	公开	主导：权威展现	从属：服从老板
		私下	从属：听从建言	主导：勇于负责
第二	懦弱	公开	从属：没有主见	主导：只手遮天
		私下	从属：听从建言	主导：勇于负责
第三	霸气	公开	主导：权威展现	从属：服从老板
		私下	主导：不听建言	从属：只好服从

第一种，双方中和状态，公开场合领导展现权威，部属服从领导；私下部属勇于负责，领导听从建言。

第二种，领导懦弱状态，公开场合领导没有主见，部属只手遮天；私下领导听从建言，部属勇于负责。

第三种，领导霸气状态，公开场合领导展现权威，部属服从领导；私下领导不听建言，部属不敢负责，只好服从。

我们最忌讳的是第二种与第三种组合。领导太懦弱，公开场合认为部属做得对，私下也认为部属做得对，其实并不是因为部属做得对，而是因为领导从来没有主见，从来不会发脾气，他没有办法发脾气也就几乎没有办法拍板定案。当然，我们不是说领导一定要发脾气，而是说领导要树立自己的威，让部属可以信任他。

我们一定要有树立自己威严的本事，但是又不能太霸气，有霸道思想是会吃亏的。

有这样一个爸爸,平时和蔼可亲,看到儿子将穿过的袜子丢在客厅里,他对儿子说:"你去把袜子捡起来,不要丢在客厅,很不卫生。"儿子不理睬他,他会怎么样?通常爸爸都会算了,自己去捡起来。这样做的爸爸就太没有威严了。

还有这样一个爸爸,有客人在的时候,遇到这种情况,他说:"儿子,袜子不要乱丢,丢在客厅很不卫生,你去捡起来。"这时儿子不但没捡起来,还说:"爸爸你还不是一样?我丢在客厅已经很卫生了,上次你丢在餐桌上,你自己说有没有?"爸爸气得差点儿心脏病发,但还是笑嘻嘻的。因为他知道自己一生气就会把客人赶走。但等客人一走,门一关,爸爸的威严就全部出来了,他拿出棍子:"再不打你,换我叫你爸爸!"这个爸爸私下就太过霸道了。

在一般情况下,我们做什么事都要懂得时中、阴阳协调,在矛盾双方之间找到一个最佳的平衡点,这样一切才会圆满、成功。

自我学习心得笔记

_____

_____

_____

_____

第 2 篇

打造领袖魅力

01 领导者的包容思想

我们要懂得"让功争过"的智慧,把成功的功劳让给别人,把失败的过错留给自己。如果每个人都能做到这样的话,我相信就没有什么不能包容的了。

领导者不明言的智慧

● 问题：

如果你是领导者，看到能力很强的部属的报告居然有几个错字，你会如何处理？见表 2-1。

表 2-1 典型问题及处理办法

问题	你是领导者，看到能力很强的部属的报告居然有几个错字，你会如何处理？
办法	阳刚：直接指责部属不用心，部属反与你发生争执。
	阴柔：不忍心指责，怕激怒部属反而会辞职不干。
	和谐：先说没关系，看部属是否认错再找机会教育。

你如果直接指责部属不用心，他反而会跟你发生争执。你如果不忍心指责他，怕激怒他而辞职不干；你越柔弱、越客气，他就会越发确信吃定你了。因为他心里会这么想：你看吧，果然我很能干，

你怕我，你不敢骂我。你对他的态度会在组织中造成一种氛围，所有人都仿效他。

那么，这时候应该怎么应对？最厉害的领导者会表现得很有修养，他先说没关系，然后看部属是否认错再找机会教育。但是现在很多年轻人，老板说没关系，他们就真的觉得没关系了，"既然没关系，那么继续有错字也没关系了"。结果有一天老板跟他讲："你不用再做了，我准备把你调到别的地方去。"他还埋怨老板怎么这样。导致这样的结果，就是因为部属没有听懂领导的话，没有理解这种情况下老板说"没关系"的真正含义。

不明言是一门艺术，如何说真的很重要。这时候有人疑惑了："为什么我们讲话不讲清楚？这不是浪费时间吗？"这根本不是浪费时间。假如你是一个领导者，你就站到了制高点，你说话必须谨慎。

我们一定要记住，做任何事都要慎始善终。一个很谨慎的人，他的人生才不会有太多遗憾。讲得更实际一点儿：基层人员说话可以马虎一点儿，因为权威性不大，就算说错了，也不会造成太大伤害；但越到高层说话就越要谨慎了，一旦说错，就可能造成严重的后果。

据说，很多人喜欢康熙皇帝，康熙为什么如此受欢迎？因为康熙的座右铭是谨言慎行。康熙说："我当了皇帝，讲错话可能马上就会有人人头落地，越是这样我越要谨慎。"所以康熙得了好名声。

事实上，领导看到部属的报告有错字的时候说"没关系"是有用意的，见图2-1，就是希望部属能够默契地配合他。

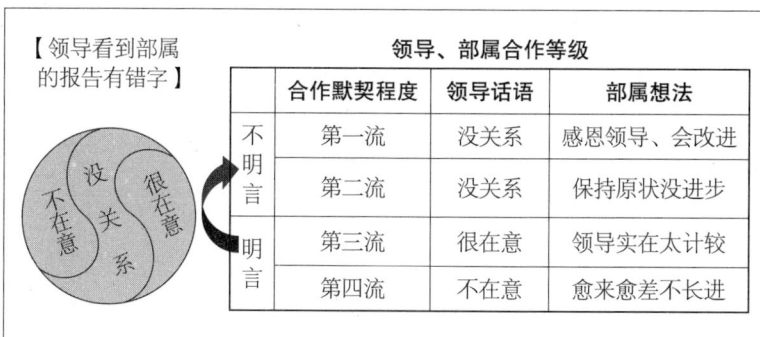

图 2-1 中国话具有深度智慧

而领导如果明言,要么表示"很在意",要么表示"不在意"。表示"不在意"很麻烦,领导最好不要这样做,因为作为领导,看到部属有错都不说他,就是不负责任。那表示"很在意"好不好呢?也不好。

很多企业家最大的败笔就是常常"很在意"。80%的领导走进误区,处在一个非常可悲的状况中,就是好心做了坏事。因为领导很在意,部属会觉得他很计较。领导严厉斥责:"你的报告怎么有那么多错字?"能干的部属不会多讲话,但他心里肯定是这么想的:"你来做做看?我错得再多,也比你要好。"

有一次,邻居跟我说:"老师,我很生气,我在外面那么辛苦工作,回家却看到读小学的儿子,数学居然只考了40分,这种成绩能看吗?"我说:"后来你怎么办?"

他说:"我当场就骂了他。"

邻居刚走,他儿子又来找我,说:"叔叔,你可不可以跟我爸爸说……"我打断他的话:"你为什么不直接跟他说呢?他是你爸爸。"小孩说:"不行,我要是直接跟他说会被他打的。"我只好说:"那你要我传达什么?"小孩说:"你只要跟他说,同样的考卷,换他来考考看。我可以保证我爸爸还没我的分数高,他可能不到二三十分。"我问:"你怎么那么确定?"小孩说:"因为我每次问他,他都不会。"

不管是当领导的还是做父母的都要懂得不明言的学问。西方人只了解讲话讲清楚的好处,不了解讲话不明言的好处。但中国人很清楚,不明言是可以启发有心人的。

快到母亲节了,子女们很孝顺,母亲节之前一定会打电话给妈妈,或者亲自问妈妈:"妈,过几天母亲节就到了,买什么礼物给你比较好啊?"妈妈们都是这句话:"不用啦,买什么礼物!"

但是母亲节一过,大多数妈妈都流眼泪。有位妈妈跟我说:"说不用,就缩回去(闽南语,'说不用就什么都没买'的意思)。"

我直接说:"人家之前问你要买什么,你为什么不说?现在哭有什么用,你这不是活该吗?"这位妈妈讲了一句很有智慧的话:"我要什么礼物,其实就是一句话而已,我不说是因为我要考虑子女的感受。现在年轻人经济收入有限,我如果说要什么礼物,他买不起，怎么办？"我问："你想要什么？"这位妈妈说："一颗钻戒。"我说："难怪你不敢讲。"如果妈妈有口无心地讲出来，子女做不到还真不好办。

还有这样一位妈妈，母亲节前一个星期，她故意在跟女儿见面的时候穿很破的外套，这其实是告诉女儿自己缺一件外套，但女儿没有注意到。她故意提一个很破的包包，就是告诉女儿她缺一个包包，结果女儿没有用心领悟。她甚至跟女儿说："这几天可不可以陪妈妈逛逛街？"这是什么意思？就是想指点女儿给自己买些什么。结果女儿说她没空。妈妈很生气。

所以，子女要想真正孝顺父母，光用嘴巴说是不行的，还要有心，读懂父母的不明言。

同理，不明言也可以帮领导找出真正会配合他的部属。但我们也要了解，领导者用命令的语气只能训练出三四流的部属。领导很在意，部属会认为领导太计较，如果部属是那种要骂他才会行动的人的话，领导会很累。领导如果不在意，部属会表现愈来愈差，不长进。所以，领导要找到跟自己绝佳默契的部属。

当领导说"没关系"的时候，部属通常会有以下两种表现。

一种是继续保持原状不进步，这种人是二流部属。领导跟他讲"没关系"，他就继续没关系下去。

一种是感恩领导、会改进的人，这种人是一流部属。这种部属很自觉，领导讲"没关系"的时候，他反而觉得是领导对自己好，"我犯错他非但没有怪我，居然还说没关系，我以后要改进，遇到那么好的老板我不珍惜机会,就是我自己笨"。他自己会积极快速地改进,所以领导跟他配合得很愉快。这就是最佳的默契。

中国的领导最想找的就是这种自觉型的部属。什么叫自觉?就是当别人对我们客气的时候我们一定要提高警觉,不要不以为然。有资源的人,就好像成熟的稻子一样会低头,他很客气,但是并不代表我们可以得寸进尺,并不代表他不注意我们的言行,他对我们客气,往往是在看我们值不值得栽培。

中国人比较注意言外之意。下面我们就来说说,领导不明言具体有哪些好处。

第一,展现修养。

领导包容部属的过错,能让部属进一步成长。这是咄咄逼人、能干的领导很难做到的事情。越能干的领导,部属往往越不服,虽然他讲话很对,但是部属从来听不进去。部属很怕跟他相处,因为总是被他骂。

第二,启发部属。

这在前文已经讲过了,讲"没关系"这种话,容易启发部属,可以让部属自我警觉,测试部属是不是有心,测试部属是不是会自行承诺,是不是会自己负责。

第三,避免受害。

这是最重要的一点,其实不明言是在保护领导者本身。西方人很喜欢看反败为胜的书,中国人都很清楚,败了就是败了,败了就很难再胜,想反败为胜谈何容易?中国人更重视立于不败之地。经营企业是很辛苦,是真刀比武,企业如果倒了,看一本书就能反败为胜了吗?没有那么简单。所以,我们是尽量让企业能够永续经营。

说到不明言,不得不提海峡交流基金会原董事长辜振甫先生。辜振甫先生很了不起,他有一个特点就是不明言。我们发现,在这些开记者会的人中,只有辜振甫最轻松,因为他每次坐在记者面前,记者一提问题,他就说"好,请讲"。一旦觉得问题不好回答,他就马上做一个招牌动作,用手按耳朵倾听:"你讲什么?"他就开始"听不到"了。记者很生气,心想:"听不到?刚才明明听得到。"辜振甫先生不想听就听不到,这是他的厉害之处。

辜振甫先生逝世后,有一次,记者采访他女儿:"你最怀念你爸爸什么?"他女儿说:"我最感谢的就是在我读大学的时候,有一次有一科考试不及格,我拿成绩单给爸爸看,他居然没生气,还笑着问我,那个红色是什么意思。"记者问:"那你是怎么说的?"他女儿说:"爸爸这样说,我觉得很不好意思。我对爸爸说这个红色代表不及格,我会好好努力,我已经想到办法补救这一科了。"

以前的人读大学很不容易,所以父母很在意子女的成绩,子女一考不好父母会骂得很凶,"好不容易读大学,那么不珍惜……",什么难听的话都有可能骂出来。辜振甫先生不但没有骂女儿,反而还一身轻松。红色代表不及格,辜振甫先生会不知道?当然不可能。他问女儿这个不及格是什么意思,是想让女儿负责任。他知道女儿有自尊心,这样问的话效果会更好。

可见,辜振甫先生是领导高手。有本事的人根本不用多讲话,就能轻松愉快地处理所有问题。

领导者可以不明言,但要像辜振甫先生这样懂得把答案变问题,见表 2-2。为什么要把答案变问题呢?因为这样做才能训练出真正得力的部属。经济形势不轻松,企业发展越来越艰难,这时候老板的用人能力就格外重要,用的是全力以赴的人还是尽力而为的人,结果是不一样的。

表 2-2 领导者要能把答案变问题

用语	领导者心态	部属心态	交办任务无法达成	承担责任
全力以赴	多提问题 轻松愉快	亲口承诺 加重责任	完全负责 真心悔过 下次做好	100%
尽力而为	胸有成竹 不可一世	应付答话 到时再说	推卸责任 装作无辜 下次再犯	0～59%

- 真正的领导,把心中要做的事,通过部属的嘴巴承诺出来。
- 人只会对自己的承诺全力以赴,对他人的命令最多是尽力而为。

对于尽力而为的人,每次一到期限你问他"这件事做得怎么样"的时候,他一般都会说没办法做,甚至在到达期限的前一天跟你讲:"老板,我没办法了,我真的不能做。没办法,我命一条,要杀要剐随便你。"你气不打一处来,但你能有什么办法?

有时,已经过了约定的时间,你说:"这个案子不是让你交吗?今天不是最后一天吗?"他来一句"忘记了",然后装作无辜。

"忘记了"最好用,一个"忘记了"就把你打发了,你一点儿办法都没有。这种人下次还会再犯相同的错误，如果你训练的永远是这种人，那你永远很累。

你每次交办的任务，为什么部属无法达成？因为他总会推卸责任，永远是应付性的答话"好"，或"到时再说"。他说"好"，你就以为真的好了？你以为很理想，就等着验收成果了，哪有那么简单？这么简单的话，这领导也当得太轻松愉快了吧？

一流的领导训练出来的绝对不是尽力而为的人，而是全力以赴的人。但是，训练全力以赴的人的前提是什么？领导要懂得多提问题。多提问题是要让部属重视自己的亲口承诺。为什么要让部属承诺？什么叫重视自己的亲口承诺？因为人只会对自己的承诺全力以赴，对他人的命令最多是尽力而为。大部分中国人都是这样，自己讲过的事才会承认。

所以，领导交办任务的时候越草率，就越要有接受失败任务结果的准备。我交办任务的时候一点儿也不急，说："你现在人员够不够？"对方说："够。"我问："经费够不够？还差多少？"他说："够。"我说："这件事什么时候完成比较好？"他绝不敢乱回答，而是小心翼翼地说："月底。"我接着说："月底距离现在还有几天？如果觉得没有办法完成，提前几天跟我讲呢？"他说："提前三天。"我说："好，这个月有31号，提前三天，那就是28号。那28号什么时候呢？"我每问一句话都是加重他的责任，每问一句话都是要他亲口保证。我不用讲答案，我只要一直问问题，他就会给出我想要的答案。

真正的领导，懂得把心中要做的事，通过部属的嘴巴承诺出来。

厉害的领导不是自己讲个不停,而是想办法让部属讲。我从来不会自己讲,都是让部属讲。比如部属说没办法做好时会提前三天跟我说,那我就在那个时候等他电话,如果他没有打电话给我,第二天我就要问他:"你是不是有事要跟我讲啊?"他如果说没有,我会说:"没有吗?那你上次承诺的事情都办到了,这我就放心了。"他自然就会很紧张。而我需要紧张吗?我不用。

我们不紧张,部属才会紧张;我们很紧张,部属当然不紧张了。而我们往往是到最后一天才急,有什么用?员工最厉害的一招是前一天才跟我们讲没做好,我们当然很生气:"你不行早跟我讲,我可以随时找别人,你最后一天才跟我讲,让我措手不及……"生气也没有任何作用,所以一定在交办任务的时候就要注意到这些问题。

自我学习心得笔记

信任与宽大包容功过

● 问题：

如果你是总经理，在总部急需你帮助栽培一个绩效很不错的部门领导时，他不但不理会你，反向你邀功，你该如何处理？见表2-3。

表2-3　典型问题及处理办法

问题	你是总经理，在总部急需你帮助栽培一个绩效不错的部门领导时，他不但不理会你，反向你邀功，你如何处理？
办法	阳刚：立即给予惩处，展现领导者的权威。
	阴柔：怕惹他生气不再对公司有所贡献，一笑了事。
	和谐：先忍下这一口气，再找机会给予教训。

事实上，当初还是你把他提拔起来的。你可不可以立即惩处他，展现领导者的权威？这时候你其实处于弱势，你脾气大，如果被这

个得势的部属倒打一耙，你会很惨，所以你没有发脾气的权力。但是，如果你怕惹他生气不再对公司有所贡献，笑嘻嘻了事，那你也完了，这会让他更看不起你。

小不忍则乱大谋，所以开始你要忍下这口气，但是一逮到机会，一定要给他教训。

领导者要能宽大包容人才。刘邦、李世民就是这样的领导者。

"韩信将兵，多多益善"，我们从中可以看出，韩信容易骄傲，目中无人。刘邦被项羽包围，而韩信那时候一直打胜仗，刘邦屡次向韩信求救，韩信却不理他。有一天，韩信派使者送给刘邦一封信，刘邦以为救兵到了，结果居然不是，韩信在信中说："齐伪诈多变，反覆之国也，南边楚，不为假王以镇之，其势不定。原为假王便。"

刘邦看完信后当场把信丢在地上："假齐王？我现在命都快没了你还封王？"这时，旁边的张良用脚踩了一下刘邦，告诉他当时的情况如果不满足韩信的要求，可能会起变故。刘邦是有智慧的人，立马就明白了，当前项羽是大敌，必须先团结韩信，于是他把信捡起来，说："大丈夫定诸侯，即为真王耳，何以假为！"刘邦封韩信为齐王，韩信只好派兵救刘邦。

所以，刘邦是因为能够包容人才才得救。刘邦还有很厉害的一点，懂得抓住机会牵制韩信。古代的虎符，一般劈为两半，其中一半交给将帅，另一半由皇帝保存，只有两个虎符合在一起使用，才可以调兵遣将。刘邦曾去韩信的帐篷里面把他的虎符偷走，来调兵遣将。

我们再来看看唐太宗李世民的例子。

有话直说的魏征，其实差一点儿被唐太宗杀掉。有一次，唐太宗退朝以后跟长孙皇后讲："我迟早要杀了这个乡巴佬。"长孙皇后很少见他发这么大火，问道："不知道陛下想杀的是谁呢？"唐太宗说："还不是那个魏征，他总是当面顶撞我，不给我留情面！"长孙皇后立刻回到自己的内屋，换了正式的礼服，向唐太宗下跪说："君明则臣直。魏征忠直，他敢犯颜直谏，正说明您的圣明大度，真是可喜可贺啊！"唐太宗这才释怀。虽然我们不可否认长孙皇后的话作用很大，但毕竟魏征批逆龙鳞，所以这件事同时也说明唐太宗有宽广的胸怀。

老板都是从部属过来的，绝对了解部属的心情，而部属没当过老板，常常会忽略在公开场合尊重老板威严的必要性，触犯老板逆鳞。所以，老板只有宽大包容部属，才能改善彼此之间的关系。

其实，领导者能够包容部属，往往也是对部属的一种信任。

● 问题：

如果你是总经理，当公司年度营业额产生重大亏损时，你会如何有效改善情况？你有什么办法转亏为盈？

怎样找到原因？见表2-4。

你如果马上展现魄力，严厉指责大家找出解决方案，这是没有用的。作为总经理你怪谁都可以，但是越怪别人越找不出原因。

为什么？因为你脾气很大，你说："今年营业额这么差是谁的问题？每个部门好好检讨检讨。"还不知道是谁的问题你的脾气就那么大了，部属谁还敢承认是自己的问题，"你那么严厉，我再承认是我的问题，那我不是找骂吗？打死我都不承认"。所以，原因永远找不出来。

表2-4 典型问题及处理办法

问题	你是总经理，当公司年度营业额产生重大亏损时，你会如何有效改善情况，转亏为盈？
办法	阳刚：展现魄力，严厉指责大家找出解决方案。
	阴柔：怕严厉指责会造成士气不振而不敢检讨。
	和谐：先检讨自己，再看部属是否主动悔过。
【老板道歉时机】 ①一般事务：无须道歉，责备部属为何有委屈不说。 ②重大事务：先致歉意，部属才愿说出真相。	

如果你怕严厉指责会造成士气不振而不敢检讨，那就会继续错下去，公司也许撑几年就倒了。

这时候我们会发现，真正能够让企业起死回生的领导者，都有一个特色，他一定会先检讨自己，而不会先怪部属。有很多人就担心地说："老师，不能这样做。假如我承认错误，说企业今年营运亏损，我作为总经理，要负最大的责任，我要好好检讨，因为我领导无方，那所有的干部肯定都在心里说，对对对，就是你领导无方，就是你的责任。"

其实，这时候我们不用担心，因为我们是领导。在我们好好检讨自己后，如果每个部门还是不愿意把问题讲出来，那我们已经仁至义尽，可以马上翻脸无情："我刚才说是我的问题，你们就真的觉得全部是我的问题是不是？每个部门都好好检讨检讨，别敬酒不吃吃罚酒！"

敬酒不吃吃罚酒，这句话可以让部属主动悔过。部属知道，当总经理再主动认错的时候，得赶快举手检讨自己，等到被点名的时候就太丢脸了。这样，问题自然就找出来了。

但是，在此要强调一点：并非所有问题，领导都要道歉。一般来说，重大的事务，领导先致歉，部属才愿说出真相；一般事务，领导无须道歉，应责备部属为何有委屈不说出来。遇到问题，领导动不动就道歉，会让部属觉得领导的决策能力很差，根本就是决策草率，这样还怎么让部属信任？

所以，在企业运作过程中，我们要根据事务的等级、事务的性质，做出不一样的配套处理。

有时候，我们在一些小事上难免判断错误。比如，本来不是员工的错，结果我们错怪了他，跟他道歉，那我们的威严何在？所以在这种情况下，我们不但不会道歉，反而会骂道："错怪你，你要讲啊！我错怪你了你都不讲，很委屈是不是？"如果这时部属说："对对对，你骂错了。"那他的前途将一片黑暗。如果这时部属说："没有，我多少有点儿错，你并没有错怪我。"那他可能会连升三级，结果完全不一样。

因为部属一句"你并没有错怪我"，会让我们觉得他很信任我们，他很会配合我们，他从来不怪我们错怪他。我们不是神，每件事都做对不现实，所以一般的小事情做错了，根本不需要道歉。其实，我们一句"错怪你，你要讲啊"，部属就很高兴了，因为在部属眼里，这就是我们对他的信任，这就是我们在跟他道歉，根本不用再多说什么。

我们来看一下表2-5，面对功过，态度不一样，得到的结果也完全不同。

表2-5 领导者对功过反应的效果分析

	一般领导者的做法 （争功诿过）	成功领导者的做法 （让功争过）
功	争取为自己的，别人很失落。	先推让给别人，别人也推给你。
过	推卸为别人的，别人很埋怨。	率先承担过错，大家都愿认错。
【道家】礼让功劳：功成而弗居；不自伐故有功；功遂身退，天之道。 【儒家】争取过错：反求诸己；过则勿惮改；不二过。			

一般的领导者，为什么80%都非常没有效能？因为一般的领导者都是争功诿过，有功劳，就想办法争为自己的，使部属很失落。比如有的主管很贪功，员工一有功劳他就抢走，这会使得内部不能合作，这是不好的。

功劳是让出来的，不是争出来的。成功的领导者会让功争过。我们把功劳推让给别人，别人自然也会将功劳推给我们。部属将功劳推让给主管，主管会说："谢谢你们，都是因为你们的功劳才有我的功劳，我会好好照顾你们的。"让来让去，最后大家都有功了。让比争要高明，我觉得中国人比任何人都懂得争，懂得争的人才会把争埋藏起来。我们经常用"以让伐争"来描述中国人的争，中国人让来让去，其实都是在争。"以让伐争"可以收到真正争的效果，这是很多人没有注意到的。

那么，有过错的时候呢？一般的领导者会把责任推卸给别人，导致别人很埋怨。而成功的领导会率先承认过错，然后大家也都愿意承认过错。

现在为什么很多夫妻相处会出现问题，尤其在孩子的教育上为什么常常失和？就是因为没有让功争过的观念。

我们经常遇到这样的情况，如果妈妈是全职的，爸爸一发现儿子成绩不好，马上就会骂妈妈："你这个妈妈是怎么当的，让你在家带小孩却带成这样子，这种成绩能看吗？"妈妈一听，觉得很委屈，于是每天在儿子面前数落爸爸："不要相信你爸爸那一套，我没有负责吗？我没有照顾你吗？我其实是最照顾你的，真正没有照顾你的是你爸爸。"

妈妈把所有责任都推得一干二净，儿子也开始怪爸爸不负责任。这种结果是谁造成的？是爸爸自己造成的。

在一个家庭中，如果爸爸经常指责妈妈，那妈妈就不会维护他，导致遇到事情就推给对方。如果妈妈经常指责爸爸，也是同样的结果。

一有功劳呢？双方又都争着领功。比如看到儿子考了第一名，妈妈心里很高兴，马上说："果然是我教得好，不错！"爸爸笑道："我跟你是同学，我还不清楚你，常常考最后一名的就是你，会读书的基因应该是遗传我的吧。"两人争来争去，都很气愤。

如果是会当爸爸的人就不一样了，看到儿子考得好，会这样对儿子说："儿子，你先要谢谢妈妈，没有妈妈的照顾，你的成绩有可能这么好吗？"而会当妈妈的人也会这样说："儿子，你要谢谢爸爸，没有爸爸那么努力工作，我们会有今天吗？你能好好地安心读书吗？"大家都让功，所有人就都有功劳了。

"让功争过"或者说"以让伐争"的中华文化渊源是道家和儒家思想。道家主张礼让功劳，"功成而弗居"，"不自伐故有功"，"功遂身退，天之道"。儒家主张争取过错，有过错反而要积极地去争取，"反求诸己""过则勿惮改""不二过"。如果在企业里我们能够强调让功争过，我想这家企业到最后一定会其乐融融。

自我学习心得笔记

领导者的目标与胸襟

有人说,胸襟有多大,成就就有多大。领导者最可怕的毛病是没有宽广的胸襟,包容不了比自己有才能的人。有才能的人,一般讲话时都是目中无人、咄咄逼人的,所以领导者如果缺少包容的胸襟,常常会受不了。

这时候该怎么办?双向圆成。

第一,要反求诸己,把自己修炼得宰相肚里能撑船,能够包容更多人才。刘邦为什么能够成大业?就是因为他能够包容任何顶撞他的人。刘邦有随机应变的能力,一开始他可能不接受别人的意见,但是他马上就可以改变自己的看法,这是非常不简单的。很多领导者不是这样的,一遇到顶撞,一时之间下不了台,就会恼羞成怒。这样是不行的。

第二,要挑跟自己频率对的人,确定他会配合自己。

内在的和外在的双向都做到了,自然而然用人就不是问题了。西方的管理从来不考虑双向圆成,因为西方人是很理性的,他们是就事论事，不会考虑那么多。

而中国人是非常情绪化的。我们一看到"中国人是非常情绪化的"，就觉得这话是负面的，其实也可以从正面去看的。就是说，通常情况下中国人很感性，很讲理。但是，中国人一生气就不讲理了。中国人又常常生气，所以才会常常让人觉得不讲理。

脾气是不能乱发的，我们为什么常常做错事情？往往是因为时机不对乱发脾气。那么，我们该如何做到正确发脾气？见表2-6。

表2-6 领导者如何做到正确发脾气

慎怒：不怒则不威		
	一般领导者的态度	成功领导者的态度
大事	怒火攻心 （于事无补）	从容不迫 （化解危机）
小事	纵容过错 （因小失大）	给下马威 （理性处理）

西方人认为领导者没有资格发脾气，但是中国人没有不让领导者发脾气，只说领导者应慎怒。不怒则不威，领导者总是不发脾气，部属会把他当"病猫"。

但是，发脾气要掌握时机。怎么掌握时机？出大事的时候不要发脾气。一般人都是遇到大事的时候发脾气，这叫怒火攻心，只会于事无补。会发火不会灭火的领导我见多了，遇见大事他就怒火冲天，结果把自己活活气死；遇见小事却纵容部属的过错，结果因小失大，部属越来越差。

　　成功的领导者不是不发脾气，而是他刚好跟一般人相反，都是遇到小事时发脾气，给部属下马威。其实，领导很理性，他是故意发脾气给部属看的，只是想吓唬部属，让部属知道要少惹他，惹他的话部属自己看着办，他绝对不可能放过部属，因为他是有脾气的。但是遇到大事时他知道发脾气于事无补，所以反而从容不迫，本着"把事情解决好比较重要，怪谁都没有用"的原则来化解危机。

　　遇事不乱发脾气，说得轻松，但不是一般人能做到的，需要有包容的思想和大度的胸襟。一个喜欢乱发脾气的人，更应该重视修己。修己最重要的是实践，要将情绪跟理智密切地结合，一方面要有高涨的情绪，另一方面要有清明的理智，这叫作"情智交融"。这样才能把自己的缺点改掉，把自己调整好，才会心胸豁达、目标远大。

自我学习心得笔记

_____

_____

_____

_____

_____

02 领导者习惯与魅力

没有绝对的好习惯，随着组织职位提升，我们如果不能及时应变的话，好习惯也会变成坏习惯。懂得做阶段性的调整，才能与时俱进。

事必躬亲会上侵下职

领导者的习惯不是永远不变的，会随着职位的不同而有所变化。

● 问题：

如果你是总经理，经理陪同你与客户参观公司，你发现地上有垃圾有碍观瞻，会如何处理？见表 2-7。

表 2-7　典型问题及处理办法

问题	你若是总经理，经理陪同你与客户参观公司，你发现地上有垃圾有碍观瞻，会如何处理？
办法	阳刚：立即责骂并命令经理去把垃圾捡起来。
	阴柔：不要求经理，以身作则自己去捡。
	和谐：用眼神看看经理，再看看垃圾。

- 《孙子兵法》：故不尽知用兵之害者，则不能尽知用兵之利也。
- 《尚书》：人心惟危，道心惟微，惟精惟一，允执厥中。

一般有三种处理方式。

第一种是立即责骂并命令经理去把垃圾捡起来。这时候你这样做可不可以？你说："经理，那边有垃圾，你去捡起来！"尤其当这个经理还很有才华时，他就会很恼火，很可能当场让你难堪："我是捡垃圾的？我为什么要捡垃圾？你自己为什么不去捡？"

第二种是不要求经理，以身作则亲自去捡。经过我们的调查，几乎80%以上的高阶领导都是这样去做的。

我曾经碰到过这样的情况，连续去了五六个地方，遇见有垃圾都是总经理去捡。我很好奇，等客户走了以后，私底下请教经理，我说："经理，刚才那么多个地方有垃圾，怎么都是总经理捡，你为什么不捡？"他说："不是我不想捡，是我们总经理喜欢捡。"我一听很是惊讶，他居然觉得是领导喜欢捡。

这位经理还说："我们总经理故意装作不怕脏，让员工以为他亲力亲为，事必躬亲，好像他真的很负责任似的，那我有什么办法？他抢着去做，我只好让他去做，我觉得他做得还不错。"领导事必躬亲，换回来的也许就是部属这样的评价，最重要的是，领导自己还受累。

我辅导过很多学校校长，有位小学校长跟我说："看我在捡纸屑的时候，居然有学生说，'校长，这边还有一张'。后来我更惨，学生们看见垃圾都不捡，说校长喜欢捡。我还有了个绰号，叫'捡垃圾校长'。"

我们不是不能做事，而是不能做了事之后却发现什么都是自己的事了。怎么办呢？我们要学习《易经》，因为《易经》可以让我们了解天、人、地之道。高阶领导相当于天的角色，因而要善用天的角色。

很显然，第一种美国式的管理方式很极端，事情可能没办法解决。第二种日本式的管理方式很柔和，也不行。其实，我们只要稍微用点儿心，就能轻松愉快地解决这个问题。如果我是总经理，遇到上述例子的状况，我会怎么处理呢？

那就是用第三种方式。我会看看垃圾，再看看经理，连续看他五六遍。不教而杀谓之虐，等到客户走了以后，我会叫他来我办公室，说："经理，刚才我有没有一直在看你？"经理马上说："有啊，但我不明白为什么。"这时我会跟他讲明白我为什么一直看他："地上有垃圾，在客户面前直接叫你捡你肯定不高兴，所以就用眼神来告诉你了。"

可见，在这种情况下，我们要想避免尴尬，就要善用眼神。第一次眼神训练做得很好的话，部属以后就知道要随时注意我们的眼神，随时跟我们保持默契，即使他一时听不懂、看不懂，也会私底下请教我们："领导，刚才你的眼神是什么意思？"他会变成积极性很高，跟我们配合得非常好的人。这样，我们以后才能共事得轻松愉快。

人们常常认为，最好的朋友一般默契很好，你不需要跟他讲，只需要一个眼神，他就知道你下一步要做什么。领导和部属之间，同样也可以培养这种默契。所以，领导无须事必躬亲，有时一个眼神,部属就能把事办好。

中国人讲话不像西方人那样讲得很清楚,但中国话具有深度智慧。比如"倒杯茶来",西方人就听不懂,谁去倒?倒给谁?中国人一听却很清楚,老板只要讲倒杯茶来,用眼神一看你,你就知道该做什么了。

事必躬亲,以身作则,如果不用心去想的话,以为都是好事,实际上并非如此。对中坚干部来说,什么事情都亲力亲为也许是好事,但对领导者来说绝对不是好事。做人可以以身作则,做事以身作则就会有做不完的事,见图2-2。

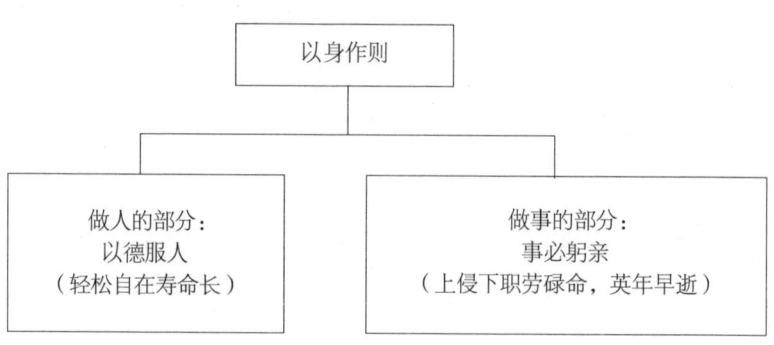

图2-2　以身作则的两种不同效能面向

在做人的部分以身作则叫以德服人,我们会感觉轻松自在。而在做事的部分以身作则叫事必躬亲,我们会上侵下职,这是劳碌命,很可能英年早逝。

现在有很多领导在用人的时候有一个最大的问题,就是走两极化,用两极化的方法带队伍到后面都会是一场空。这就应了中国的那句老话，练力不练功，到头一场空。也就是说，最重要的是我们要懂用人的功夫。如果领导只剩下一项任务，那就是知人善任，而不是自己去做事。

西方人会把做事列为很重要的目标，但对中国人来讲，如果你喜欢做事，就会有做不完的事。闽南语讲得最贴切，"一沾上就黏住，要甩都甩不掉"。我们慢慢会发现，当领导的，如果事必躬亲，那就完蛋了。比如诸葛亮，他很负责任，事必躬亲，但是最大的遗憾就是英年早逝。

有人说，"没办法，已经习惯了，我就是劳碌命"，这时候也不要怪别人，这是被自己的习惯害的。其实，习惯没有好坏，只是不懂得阶段性的调整，就只能自己吃亏。

自我学习心得笔记

有答案无法集思广益

● 问题：

当心中已有答案的能干部属向你请示如何处理工作上的问题时，你会如何有效回复部属？见表2-8。

表2-8　典型问题及处理办法

问题	当心中已有答案的能干部属向你请示如何处理工作上的问题时，你会如何有效回复部属？
办法	阳刚：完全不管部属感受，要他自行去找答案。
	阴柔：依自己的经验，无保留地给予部属答案。
	和谐：不论是否拥有答案，先请教他会如何做。

注：把答案变问题 / 用请示来推卸责任
带着腹案来请示老板 / 深藏不露

现在很多老板或者主管都是好心做坏事，他们根据自己的经验，毫无保留地给部属讲答案。因为他们最怕的就是部属不讲、部属不问。部属一问，他们就会很高兴，马上把所有的秘诀都讲给部属听，他们以为这样做很好，结果没想到自己被害惨了。

能干的部属为什么心里面有答案还要来请示你？因为他在做一个很重要的动作——用请示来推卸责任。你以为他真的跟你请教，他真的不懂？他懂，他心里有答案，但是他为什么问你？因为他很清楚，"我用我的答案去做，到时候做不好，老板会说是我做的，是我自以为是，会骂我。我没那么笨，我有答案也不会讲，我想办法把老板的答案套出来就对了"。

当部属把老板的答案套出来之后，他会有这样两种心理活动。

（1）"我不用负责任。"

（2）"原来老板的答案这么烂，居然还当我的老板。我是没有机会、没有钱而已，否则我当老板肯定当得比他好。"这就是老板好心做坏事，让部属有这样的错觉。很多老板为什么会很累？因为常常被部属考试。

作为老板，如果有答案跟部属讲还好，如果没有答案还想办法给他答案，而答案还不好，就会让部属笑话。尤其未来社会各种因素都在快速变化，我们不可能每一次给部属的答案都很好都很对，这时候要想轻松愉快，我们该怎么做？

完全不顾部属感受，要他自行去找答案，这也是不行的。我们要有一个很重要的观念：不管我们有没有答案，都要先问部属，他会怎么做，他有什么看法。

为什么要这样做？因为领导能否轻松就在于他们的观念。举个例子，老师跟学生的关系是学生考老师还是老师考学生？如果一个老师常常被学生考,老师会觉得很辛苦;老师轻松愉快,说明没有学生考他。所以,要弄清楚这个观念:我不考你就好了,你少来考我,你先把你的答案给我看看。

很多人说,我们这是不负责任,其实这才是最负责任的,因为这样做还可以训练带着腹案来请示老板的人。很多部属没有经过这个训练,脑袋空空地来问,心想:反正老板有想法,问老板就对了,我们干吗动脑筋?部属不动脑筋是谁造成的?是领导造成的。

所以,一定要记住,领导要做一项很重要的修炼,做一个很重要的阶段性调整,叫作把答案变问题。总起来说,领导有效回复部属问题要注意三要项,见表2-9。

表2-9 领导有效回复部属问题的三要项

第一,反问回去:领导最大的优势是可以测试部属。 第二,请教看法:爱说答案会听不到部属的真正答案。 第三,深藏不露:重点在露,要露在部属需要之时。				
	平时(不需要)		紧急(需要)	
失败的领导	领导:得意表现 部属:不以为然	被人看穿	部属:表现很差 领导:愤怒无奈	不得不教
成功的领导	领导:不求表现 部属:只好表现	耐心教导	领导:展现本领 部属:心服口服	深藏不露

第一,反问回去。就算我们心中有答案,也要反问部属会怎么做,给部属启发式的教育。什么是启发式的教育?就是我们要让部属自己动脑筋找答案,而不是自己努力地给答案。

曹操足智多谋,每一次作战开军事会议的时候,曹操有没有马上讲？没有。在所有将军面前他总是说："请问各位将军……"曹操这一问，就连最厉害的将军都变得很紧张。

王永庆先生最高的功力就是追根究底。我跟台塑的一些高阶主管很熟，我问："你们开午餐汇报会是不是都没有饭吃？"他们说："哪会没饭吃，会买盒饭给我们吃。"我又问："那怎么会有很多人得胃病？"他们说："你来开一次会试试看，你在吃饭的时候老板一直问为什么，你吃得下饭吗？你一定吃不下。"

一般来说，领导连问三个"为什么"，部属就已经很紧张了。所以，领导要懂得问问题。曹操最高明的一招是什么？当他抛出问题后发现某个将军的想法跟他的很像时，他不会说是他的想法，他会说这个将军的提议可行，就按照这个将军说的方式去做好了。可见，领导的最大优势是可以反问回去，测试部属。

第二，请教看法。如果我们喜欢说答案的话，是听不到部属的答案的。所以，要直接询问部属对这件事有什么看法。

第三，深藏不露。很多年轻人问我："老师，什么都不露的话，怎么才能让部属心服口服呢？"其实，深藏不露不是什么都不露，而是不要随便乱露，要在适当的时机露。深藏不露的重点还是在于露，只是要在部属需要的时候露。

因此，一个领导要有两把"刷子"，一把刷子平时用，一把刷子紧急的时候用。

一般的领导平时喜欢表现自己最拿手的几项绝招，结果部属不以为然，早就看腻了，说："我们老板就只会那几招，还有什么东西可以露啊？"这样的领导很容易被部属看穿。

而等到急需部属帮忙的时候，因为领导平时没有给部属练习的机会，部属表现很差，领导会愤怒无奈："怎么能表现那么差？"部属则怪领导："你都没给我练习的机会，你还怪我！"这时，领导不得不教部属，这不是很闹心吗？

成功的领导完全不是这样，平时他都是耐心教导，不求自己表现，所以部属只好表现。举个例子，一个员工刚考取汽车驾照，还不太敢开车，总经理叫他去送货，并且说很紧急，让他一小时内把货送到。他练习着开车出去，因为很紧张，导致车经常熄火。总经理很生气，只好自己开，员工也怪他没有耐心。

其实，换一种方式就不会有问题了。如果我是这位总经理，我会怎么做呢？一样要送货，确定是下午送到，还有一小时，我会马上跟部属讲："我们一起去，你开开看？"部属说："老板，我没有经验，刚考取驾照。"我会笑着说："没关系，开开看。"部属刚一开车就熄火了，我马上说："没关系，再来，难免的，刚开始。"这样，他就会觉得自己遇到了好老板，那么有耐心。其实，有时候生气也没有用，平时时间多的是，为什么不让部属不断地练习呢？

部属开到小巷道，说："老板，真的开不过去了。"我问："真的吗？你再开开看。"部属点点头："真的，我技术真的不行。"我只好说："那怎么办？你下车，换我来开一下。"我一下就过去了，他说："老板，你好厉害，这么窄的巷道也开得过去，我还以为你不会开车呢。"看到我的本领后，他心服口服。

可见，领导者能够在部属需要的时候展现自己的本领，这是最重要的。"人，不能管，只能理。"在部属需要的时候给予帮助，他就会感谢领导的教导。

韩非子说："下君尽己之能，中君尽人之力，上君尽人之智。"这揭示了领导者管理功夫的层次差异，见表2-10，也可以说是高阶领导者用人经验的总结。

表2-10　领导者管理功夫的层次差异

层次	等级	用人	领导	部属	领导心情	组织	领导的修为
一流	上君	尽人之智	无为（大智）	有为（脑力）	轻松愉快 有人可靠	大型	答案变问题 善用疑问句
二流	中君	尽人之力	有为（脑力）	有能（体力）	忙碌收割 大家努力	中型	常有好答案 必用肯定句
三流	下君	尽己之能	有能（体力）	没能	辛苦劳累 不知未来	小型	寻找好答案 常用否定句
《韩非子·八经》：下君尽己之能，中君尽人之力，上君尽人之智。							

有一次，润泰集团的总裁尹衍梁被问道："如果用一句话当作你企业经营的座右铭，你要用哪一句？"尹衍梁说："下君尽己之能，中君尽人之力，上君尽人之智。"

尹衍梁有着丰富的人生经验，他将这句话当作座右铭是有道理的。很多管理者只注意到"中君"。"中君"，最多是尽人之力。"下君"，只能尽己之能。很多主管，充其量只能让部属付出体力。他们为什么一直很辛苦？因为他们很能干，但是部属不能干，所以永远是自己受累。组织为什么一直走小型的路？没办法，因为只能尽己之能。

企业要能够真正做大，就要走上"上君"的路。"上君"，尽人之智。为什么法家思想要想学得好，必须先懂得道家思想？因为要让部属有头脑，领导要懂得提升到无为。无为，西方人认为是"manage by nothing"，其实不是，是"manage by invisible"，看不见的有才叫"无"。

大智若愚，无为才是大有为。也就是说，领导不要喜欢自己讲答案，领导越喜欢讲肯定句就越要小心，因为部属最想做的事就是等着看你出糗的好戏，"什么？这么英明的老板也有犯错误的一天？"

越厉害的领导讲话往往越客气，善用疑问句，常常装作什么都不知道的样子："什么事情？""这件事怎么做比较好？"为什么他常常问问题？因为他已经把"一讲话马上就给答案"的习惯改掉了，从"中君"上升为"上君"了。

领导若是不改掉马上给答案的习惯，是无法集思广益的。比如领导说："我们现在要买一台影音设备，这台很不错，亮度不错，我们买这一台吧。"领导已经讲清楚要买这一台了，部属还能说什么？

如果领导真的需要集思广益，他会这样说："最近公司考虑买一台大的投影设备，不知道选哪款比较好，大家有什么想法？"这样大家会说出自己的建议和意见，领导才可能知道原来有一个部属的亲戚卖这种产品，还可以打折优惠。

集思广益不是无缘无故就能做到的,需要我们先把答案变问题。也只有在这样的情况下,我们才能了解到无为的大用。无,我们才有可能看到对方的有,无形才能够全面掌控有形。所以,第一流的领导有本事掌握无形的氛围,企业越大做得越好,他也常常是轻松愉快、有人可用的。

从"下君"到"中君",再到"上君",领导者要善于做阶段性调整,见表 2-11。

表 2-11 领导者要善于做阶段性调整

层次	事必躬亲 (以身作则)	胸有成竹 (拥有答案)
高阶领导	坏习惯 (上侵下职)	坏习惯 (大智若愚)
中坚干部	好习惯	好习惯
基层员工	好习惯	好习惯

- 与时俱进:本来的好习惯,随着在组织职位的提升,如果未能应变,反而变成坏习惯。
- 《论语·雍也篇》子曰:中人以上,可以语上也;中人以下,不可以语上也。

为什么现在很多企业重视与时俱进?"孔子,圣之时者也",孔子达到圣人的境界表现在他顺应时势上。所以,什么时机做什么事,这很重要。我们要与时俱进,也就是说,没有绝对的好习惯,随着自己在组织职位的提升,我们如果不能及时应变的话,好习惯也会变成坏习惯。

你昨天还是员工,今天成为干部,你没有能力,能够当干部吗?

有可能被提拔吗？但是你被提拔到高阶层的时候，还在事必躬亲，还在亲力亲为，你就会发现，你只能做一两家店的店长，你只能开一两家公司，再大的规模你就做不到了。以前的帝王，管着那么大的疆域，没有手机，也没有飞机，怎么管？他如果没有一定的能力与本事，国家早就毁了。

所以，事必躬亲对基层员工、中坚干部来说是好习惯，对高阶领导来说却是坏习惯。

胸有成竹也是一样，对基层员工、中坚干部来说是好习惯，对高阶领导来说却是坏习惯。我们胸有成竹，喜欢讲答案，那最后什么事情都得我们自己去想，自己去做。

高阶领导已经不是基层员工，不能按照员工的思路来思考，要想让部属尊重自己，就必须做好阶段性调整。

自我学习心得笔记

_____

_____

_____

_____

_____

_____

魅力吸引志同道合者

很多人都想了解，领导者是天生的还是后天训练出来的，领导者本身到底有没有特殊的魅力。我们发现，一般领导者跟成功领导者在用人时注意的方向是不一样的，见图2-3。

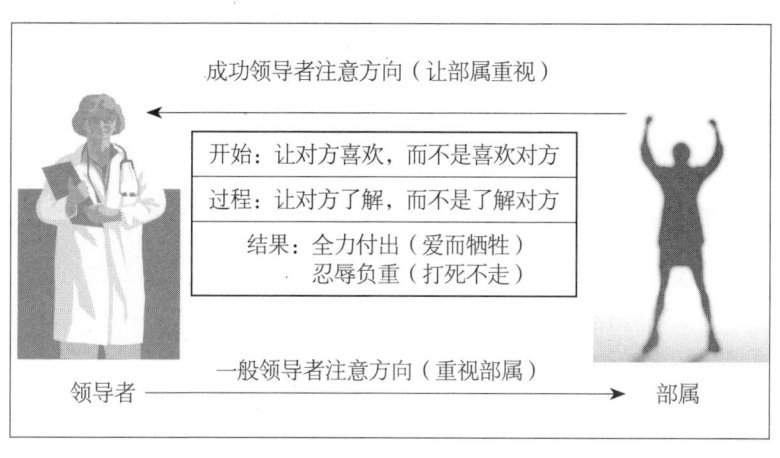

图2-3　成功领导者与一般领导者的不同之处

一般的领导者总是重视部属，即重视的是自己喜不喜欢这个部属，最后往往发现部属根本没法达到他的要求。

而成功的领导者注重的是，让部属重视自己。也就是说，让部属喜欢他，而不是他喜欢部属。

很多领导者最大的败笔就在于注意的方向是错误的，比如一个老板为了要找员工，亲自向员工问了一大堆问题，比如，"你什么学校毕业的""你经历怎么样"。问完以后，觉得这个学历不错，那个经历不错，这个外貌不错。用这样的标准把员工招进来有用吗？没用，这是在浪费时间。

为什么这么讲？他好不容易觉得这个外形可以、能力可以，花五万元钱请进来，但是要知道，是他喜欢人家，人家没有说喜欢他。如果哪天有人用六万元钱请这个人，人家马上就走了，没有丝毫忠诚度，因为人家根本就不重视他。

男女朋友交往也是一样，一个女孩说"我有五栋房子，三台高级轿车，家财万贯"，那她吸引到的男孩子都是"苍蝇"，吸引不到真心喜欢她的人。当女孩说"我家境清寒，父母病痛需要很多医药费，你最好不要跟我结婚，你最好不要看上我"，男孩听了反而说"没关系，我负责帮你还这些债务"时，那他就是真心喜欢她的。

一个男孩如果真的喜欢一个女孩，会去了解她，她是什么血型、什么星座，他都很清楚，甚至连她喜欢吃什么他都知道。一个女孩喜欢一个男孩，但男孩根本不理她，她一味地去求人家、拜托人家，甚至送钱给他都没有用。

企业经营也是一样的道理。我们一开始要让对方喜欢我们，后来慢慢让对方了解我们，他才会愿意全力付出，才会为爱牺牲，才会忍辱负重。

人才追随我们，跟领导者的特质有关系。我们要有本事吸引志同道合的人，见表2-12。

表2-12　领导者要能吸引志同道合的人

要项	一般领导者	成功领导者
吸收对象	选自己喜欢的人	选喜欢自己的人
判别方向	了解对方学历、经历（文字信息容易作假）	对方是否了解自己（掌握组织的重要信息）
过滤条件	用最佳职位（权）与优渥的待遇（利）吸引	用储备职位（责）与一般的待遇（利）吸引
人才结果	被支付高薪的企业挖走	对组织忠诚
企业规模	成长不佳或中小企业	成长不错或大中企业

我们怎么才能吸引到志同道合的人？我们是选自己喜欢的人，还是选喜欢自己的人，结果是不一样的。我们不能一厢情愿地选人。现在有太多的领导者在这方面都是一厢情愿地选自己喜欢的人。这是不对的。

成功的领导者一般会选喜欢自己的人。所以，选人的重点不在我们喜不喜欢他，而在他喜不喜欢我们、了不了解我们。我们要反问他："你为什么要来我们公司？你了不了解我们公司？"我们要重视的是对方是否了解我们。

我在蒙牛集团做招聘测试的时候，测试的题目很简单，我问："蒙牛是什么意思？"一个应聘者说："蒙古的一头牛。"我一听就知道不能用他了。蒙牛集团作为中国乳制品的大品牌，他来公司应聘，却连公司的名称是什么都不知道，更别提是否知道公司做乳制品多少年了。这说明他根本就没有用心。这样的人，他会为公司付出吗？不会。你也许会说："他的简历做得很好，他的学历、经历等都符合我们的要求，怎么就不能用呢？"我告诉你，再华丽的文字资料，再齐全的文字资料，都有可能是作假的，只有他的心是作不了假的。

另外一个应聘者却完全不一样，我一问，他就一一道来了，比如蒙牛哪年开始建立的公司、生产线情况怎么样、各省都有多少家分公司、营运的主要项目是什么等，讲得一清二楚。还没正式录用，他对组织的重要信息就已经掌握这么多，用他肯定错不了。

一般的领导者喜欢用最佳职位与优渥待遇来吸引人才。不过，这样吸引进来的人很容易被愿意支付更高薪酬的企业挖走。

《三国演义》里最重要的是"义"。我常常问一些人："你为什么要拜关公？"对方说："因为他武力高强。"我说："那你干脆拜吕布算了，吕布也不错。在三英战吕布中，刘备、张飞、关羽，三个人一起才跟吕布打个平手，可见吕布功夫更胜一筹。你为什么不拜吕布？"

有人说："我最近买彩票，去之前一定要拜关公，因为他可以帮我中大奖。"关公又变成财神爷了。

我们为什么拜关公？为什么关公庙的香火这么旺盛？其实，我们拜关公不是因为他武力高强，也不是因为他是财神爷，而是因为他忠义的能量。

关公最大的本事是什么？就是忠义。三国时代给予关公物质条件最好的人是谁？曹操。曹操对他上马金下马银，很器重他，但他没有因为曹操给他很多金钱，给他很多福利，给他很多权力就被吸引，他始终感谢刘备，心里始终想着找刘备。关公心里始终有刘备，这才是我们敬仰关公的原因。

我们不要一味地希望用职权、福利去吸引人，就算能吸引到人，他也不会真心为组织着想，不会长久地与组织在一起。

成功的领导者是用储备的职位与一般的待遇来选人。这是统一集团最擅长的方法，比如培养经理时，常常用"储备经理"这一职位来选人，他先跟人说：要先看看你有没有能力，有能力再说。他给的待遇不是很高，当然也不会很差，应该属于中等，从来不会强调业界最高的待遇，但是他的离职率很低，人才储备也很稳定。

为什么要用这样的过滤条件？

举个例子。有一次我在长沙某企业讲课，晚上总裁请我吃饭，他说："老师，我请教一个问题，最近我需要一个总经理，但有五个副总都想争这个职位，我不知道该怎么办。"这时候我如果说不会、不知道，那肯定不行，白天讲课讲得头头是道，怎么办？我既然有经验，就不能随便给出答案，而应该先问他问题。顾问不是只顾不问，而应明知故问，一定要懂得问问题。

所以，我马上问他："你用什么条件选这个总经理呢？"他回答：

"就是用一般的条件，比如总经理未来会有更好的收入，大概会有多少；会有什么权力，大概会管什么公司；会有什么样的福利。"我说："难怪你找不到心目中理想的总经理。你公布这些条件以后，五个副总是不是都想要这个位置？"他说："是啊，那么好的条件，当然每个人都想争，这还用问？"我笑着说："你颠倒过来一切就都解决了。你只要公布，未来准备找的这个总经理，短期内待遇跟副总一样，没有什么调整。另外周末需要加班补课，因为他们实力还不够，离总经理的能力还差得远。这样，他们自然就知难而退了。"

三个月以后，我再去这家企业辅导的时候，总裁主动向我致谢："老师，你这个方法果然让我找到了对的人。"

可见，很多事情并不是很困难，主要看我们的方向对不对，只有方向对了，才会找到对组织忠诚的人。

一个人要是没有两把刷子就想当老板，真不是那么简单的。我经常对一些老板说："你们知道'老板'是什么意思吗？你们如果能懂'板'字的繁体就可以看出其中的奥妙了。"他们似乎不明白："为什么要懂其繁体？"我说："这样会更了解当老板的尊严在哪里，当老板的优点在哪里。我们一看老板的'板'，是不是觉得老板跟木板有关系？老板跟木板有什么关系？一点儿关系都没有。你们要是知道'板'的繁体字'闆'，马上就有不一样的感觉。"

"闆"是什么意思？它有三个重点，见表2-13。

第一，在门内讲才有用。你如果在公司里强调"我是总经理，你们要听我的话"，可以尽量有权威，但是你要记住，在外面，比如在 KTV、在路边摊，你还强调"我是总经理"，那就是给自己制造麻烦了。

表 2-13 领导者要领悟"闆"字的意义

板　　　　　　闆

事件状态	领导态度	部属反应	三句话的内容
即将发生	强势交办	服从命令	①口：你就照我说的去做！
未处理好	推给部属	部属自愿负责，真实回报	②口：是谁叫你这样做的？
		部属不愿负责，推给领导	③口：就算是我说的，你也不可以这样做，知道吗？

闆字的意义：
①门内讲才有用。
②三个口：少说话才会注意听。
③会讲三句话：负完全责任，所以不负任何责任。

第二，三个口什么意思？三个口就代表讲的话影响力很大。老板的话是一言九鼎的，所以你更要谨言，要懂得少说话，你少说话部属才会注意听。

实际上，老板每天动不动就宣布重要命令，等于没有宣布任何命令。老板喜欢讲话，每周的会议是他讲，每天的例会也是他讲，员工却不想听，心里想：每天都讲这些，还有没有新鲜的？干脆播录音带好了。这样下去，老板会很可怜。

厉害的老板平时不多讲话，一两个月才开一次会，但他上台一讲，底下的员工就马上安静下来。为什么？因为老板很少讲话，他要讲话一定有重要事情，员工自己就会注意听。

说到讲话，要想当个好领导，一定要懂得讲三句话。

第一句话："你就照我说的去做！"

一件事情将要发生的时候，为了体现领导交办任务的魄力，为了让部属服从领导的命令，领导要说"你就照我说的去做"。部属一看，老板果然有气势，照着他说的去做绝对没有问题。

第二句话："是谁叫你这样做的？"

不可能每件事都很顺利，所以一定有部属跟领导报告："老板，这件事照你的意思去做，结果后来没有做好。"这时，领导学会把责任推给部属，马上补上第二句话："是谁叫你这样做的？"这话一说，80%的部属会被吓一跳，"明明是老板自己讲的，他还问我是谁叫我这样做的，我不敢讲，算了"。部属只好自愿负责。

第三句话："就算是我说的，你也不可以这样做，知道吗？"

还有20%的能干部属不愿负责，会马上推给老板："老板，明明是你说照你的意思去做的。"这时领导可以轻松愉快地补上第三句话："就算是我说的，你也不可以这样做，知道吗？"

这三句话讲完，领导就轻松愉快了。可见，当老板没有一定的功力不行。

也许很多人说这是领导算计下属，对，这就是算计下属。领导不是喜欢算计下属，而是多了一点儿"心计"。"心计"不是诡计，而是一种智谋。

有一次，我遇到一个关系很要好的总经理，我直接跟他说："你当总经理当得很轻松，小错误骂主任，大错误骂经理、骂副总，你都不用负任何责任。"没想到他说了这样一句话："我为什么当总经理？我当总经理就是要负完全的责任，所以我绝对不负任何责任。"这句话初一听，讲的什么呀，仔细一琢磨，发现非常有智慧，就像他说的，"公司倒了才找我。出货单也找我，请假也找我，那我还能做什么事啊"。

此外，这三句看似简单的话，还能帮助我们测试部属的配合度，见表2-14。

表2-14 领导的三句话可测部属配合度

三句话的内容	交办任务完成状况	配合程度	推测部属未来发展
①口：你就照我说的去做！	√	所有部属佩服魄力→气势！	—
②口：是谁叫你这样做的？	×	一般部属不敢顶撞→威严！	心目中有老板→多数奴才型，少数会应对。
③口：就算是我说的，你也不可以这样做，知道吗？	×	能干部属公开顶撞→打压！	有原则及主见→小心会叛变，大好或大坏。

"你就照我说的去做"，我们一讲这句话，所有部属都会佩服我们的气势。现在有些领导的气势不见了，连说一句果断话的力气都没有，每次一开会就愁容满面，他们还没说话，部属就知道他们说的都是泄气话。可见，领导的气势不强就什么都没了。

"是谁叫你这样做的",当我们讲这句话时,一般的部属绝对不敢顶撞,会被我们的威严吓倒;能干的部属敢顶撞我们,不过我们一说"就算是我说的,你也不可以这样做,知道吗"来打压他们,他们就再也不敢顶撞了。

所以,通过这三句话,谁会叛变,谁会大好或大坏,随时在我们的掌控之中。

说话时也要注意深藏不露,一定要修炼深藏不露的功夫,见表2-15。

表2-15 领导者必须有深藏不露的功夫

阶段	内心思维	外表行为
能而示之不能	能	不能
用而示之不用	用	不用
《孙子兵法》:兵者,诡道也。故能而示之不能,用而示之不用,近而示之远,远而示之近。利而诱之,乱而取之,实而备之,强而避之,怒而挠之,卑而骄之,佚而劳之,亲而离之。攻其无备,出其不意。此兵家之胜,不可先传也。		

《孙子兵法》中讲:"兵者,诡道也。故能而示之不能,用而示之不用,近而示之远,远而示之近。利而诱之,乱而取之,实而备之,强而避之,怒而挠之,卑而骄之,佚而劳之,亲而离之。攻其无备,出其不意。此兵家之胜,不可先传也。"

这不是绕口令,小孩也会念,但是光会念没有用。美国人很积极学《孙子兵法》,但还是不了解《孙子兵法》的用意。实际上,很多中国人也没有深入研究《孙子兵法》，这句话是什么意思，大概也不懂。不过，其中的思想我们在生活中经常运用，只是我们不知道而已。

一个大老板跟我说："老师，虽然我对《孙子兵法》没有很深刻的研究，但是你讲的这些，我觉得我们平时生活中都在用。"

我说："真的是这样吗？"

他说："你注意看，西方人跟中国人不一样，比如打乒乓球，一个美国人日夜练习乒乓球，别人约他打球的时候，他一定说'你找我算对了，我常常练习，而且我以前是校队的'。结果他一上场，被对方打得落花流水，人家马上跟他说，'你这叫常常练习啊？怎么练习成这样子？我刚才没听错吧，你说你是校队的？我看你是被笑的那一队吧'。"

我一听忍不住笑了。

他看了看我，接着说："中国人会这样吗？中国人就算每天练习打乒乓球，人家问他的时候，他都会说很久没有打了。讲'很久没有打了'一点儿骗人的感觉都没有，这才厉害。最重要的是，一上场他就把对方打得落花流水，嘴里还在强调'很久没有打了'。最厉害的还在下一句，'要不然我更厉害'。"

是的，这个美国人最后弄得自己灰头土脸，就是因为他强调自己常常打，很有实力。而我们中国人的这一招是三十六计之"以退为进"。一旦我们讲过"很久没有打了"，当打不好被人家骂的时候，我们可以说"不要怪我，我刚才跟你说了我很久没有打了"。这样，不会觉得丢脸。这就是"能而示之不能"的道理。很能干，却装作不能干。

我们也经常遇到这样的情况，我们送长辈礼物，他一定说"不用不用"，再次给他，他还说"不用不用"，第三次给他，他可能会说"放那边就好"。这里的"不用"不是真的不用，而是看我们到底有没有心。这就是"用而示之不用"的道理。这种无三不成礼的思维，你如果不懂，你会怪他奸诈，但如果了解这种模式，你跟他会互动得很愉快。

自我学习心得笔记

_____

_____

_____

_____

_____

_____

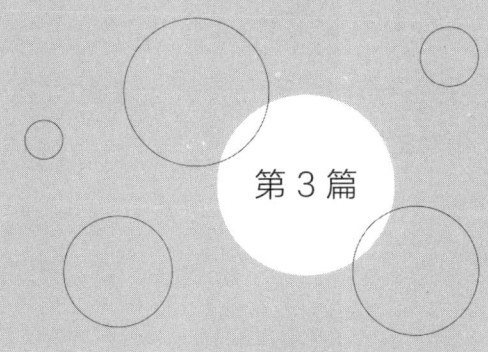

第 3 篇

向圣贤借智慧

01 从历史经典悟领导

有的人,在平常人看来就是窝囊废,没什么人格魅力,他却能够用比他能干的人,能够叫人为其卖命,这种人其实是最厉害的。

中国盛世兴盛的奥秘

为什么领导者必须有文史哲的素养,也就是要有人文底蕴?很多企业高阶领导特别重视这方面,有的甚至一天花几万元报国学班学习国学经典。这么做是有道理的,因为用人的功夫与历史领悟能力成正比,所以领导者一定要有人文素养,见图3-1。

在选拔干部的时候我常常会问对方这样一个问题:"你对《三国演义》有没有兴趣?你对《康熙王朝》《雍正王朝》《汉武大帝》等历史剧有没有兴趣?"我不强求大家都去读经典书籍,这不太现实,所以我只问大家对这些历史剧有没有兴趣。如果他说:"我干吗要有兴趣?那些古人的东西,关我什么事?"我不会提拔这样的人来当干部。

为什么?因为一个人对历史没有兴趣,就表示他对人没兴趣。一个对人没有兴趣的人,我们居然让他搞管理,还想升他当干部,那我们就要做好准备迎接问题了。一个人在基层的时候好好做事就行,不懂得文史哲没有关系;但做到中坚干部,用人的部分至少提升到50%，就要懂得一定的用人哲学了。

分类	哲学	历史	文学
史记	究天人之际	通古今之变	成一家之言
四库全书	子 经：收录儒家"十三经"	史	集

事物	人性		
20%	80%	高阶领导	
50%	50%	中坚干部	
80%	20%	基层员工	

做人艺术区

做事能力区

职场冲突：人的因素占85%
事的因素只占15%

图3-1　领导者的人文素养

为什么有的人晋升到了无能级？就是因为他没办法用人，他总是以为好好做事就行，其实不是这样的，要懂得用人才行。

高阶领导最明显，几乎80%的时间都在处理人的事。据分析，职场冲突中，人的因素占85%，事的因素只占15%。

司马迁值得大家尊敬，他讲了一个很重要的观念："究天人之际，通古今之变，成一家之言。"这看起来好像很普通，但是事实上他为需要大家加强的文史哲观念，在当时就立下了标杆。《四库全书》分为经、史、子、集四部分。史，代表历史；子，代表哲学；经，收录儒家"十三经"；集，代表文学。《四库全书》博大、精深，是中华文化之大成之作。

企业能不能永续经营，关键在哪里？就在高阶领导的人文素养。懂历史的人，善于在历史的兴衰中找到与企业经营的相似点。

中国历史上有很多次大繁荣。

比如周朝的时候，周公制礼作乐，让周朝拥有几百年好光景，但是时间一久就开始乱了，到春秋战国时期战乱纷争、民不聊生。

比如汉朝的时候，公元前2世纪，汉武帝使大汉声威远扬，以前常常是汉人被匈奴打，那时我们开始主动出击匈奴了。那时候汉人很威风。

比如三国、魏晋南北朝很乱，但在公元7世纪的时候，唐太宗出现了，带来了"贞观之治"。海外有唐人街，西方人喜欢称中国人为"唐人"，我们也常常讲重回汉唐盛世，就是这个原因。

比如明朝的时候，郑和下西洋，不是去侵略别国的土地，而是与西洋各国进行交流。现在，马来西亚的马六甲这些地方的人还在拜郑和，为什么？因为郑和下西洋给他们带去了更好的瓷器、更好的衣服。他们来朝贡，中国人崇尚礼尚往来，给他们超过他们朝贡的东西。中国人用王道，而不用霸道，所以他们对中国人很尊敬。

改革开放多年，随着开放的持续推进，扩大了发展的新空间。2010年中国GDP换算为美元超过5.8万亿美元，超过了日本的5.4万亿美元，中国跃居世界第二大经济体。虽然我们不能光看总量，"第二大"也并不等于"第二强"，但是，我们一直在努力提高经济增长质量、加快转型升级。

现在，很多大企业家，管着几万名员工，也赚了很多钱，很骄傲，但他们经常感慨："我没有什么了不起，现在是经济形势好了，如果还是以前那样，我也许还在摸爬滚打呢。一个企业了不起，一定要感谢国家给它的大氛围，否则没有用，英雄无用武之地。"

时代很重要，环境很重要，在经济快速平稳发展的大好形势下，企业家应该抓住这个很好的机会，运用好资源，开创自己企业的辉煌未来。

自我学习心得笔记

优秀传统文化的启示

中国古代有四大文学巨著,《红楼梦》讲情,《三国演义》讲谋,《水浒传》讲义,《西游记》讲斗。其实,《三国演义》《西游记》《水浒传》这三本书有一个共同点,就是书中统率群雄的几位老大——刘备、唐三藏、宋江,在平常人看来都是窝囊废,没有什么人格魅力。这也点出了中西方领导方式的不同:西方一般是英雄主义,厉害的人带领所有人;中国一般是不厉害的人带领厉害的人。见表3-1。

《三国演义》中,诸葛亮那么聪明,关羽、张飞武艺高强,他们都是由刘备带领。刘备,用闽南语讲就是"流鼻涕"。这似乎形容得很贴切,刘备好像只会哭,他还有什么用?其实,刘备每次哭都是有目的的。刘备是个十分有智慧的权谋家,他能够用比他能干的人,而且他的人永不叛变,足见他的用人功夫很高。

表3-1　从国学经典悟领导

著名名称	厉害的英雄角色	领导者
《三国演义》	张飞、关羽、诸葛亮	刘备
《西游记》	孙悟空、猪八戒、沙悟净	唐三藏
《水浒传》	林冲、武松等好汉	宋江

- 中西方领导的不同。
- 【西方】英雄主义,厉害的人带领所有人。
- 【中国】不厉害的人带领厉害的人。
- 领导像孙悟空,部属容易成为猪八戒。

我给一些高阶领导讲《西游记》的时候,经常有人这样问:

"老师,你觉得我比较像《西游记》中的哪个人物?"其实,我知道很多人都希望自己是孙悟空,因为孙悟空会七十二变,很会应变,所以我一般都会说对方像孙悟空。

这天,又有人问我这个问题,我回答:"我觉得你像孙悟空。"果然,他一听很高兴:"没错,我如果不会应变,能有今天吗?"接着他问我:"老师,你倒给我分析看看,你觉得我像孙悟空,那我的员工呢?"我马上说:"你的员工比较像猪八戒。"他心里很高兴,嘴巴上却说:"老师,你怎么可以说我的员工像猪八戒呢?"

过了几天,他打电话给我:"老师,那天你说我的员工像猪八戒,我这几天仔细一看,发现越看越像。"这是为什么?因为当老板觉得自己很像孙悟空的时候,他会觉得周围的人都是猪八戒。

我们总是以为《西游记》中猪八戒是最笨的,其实,最聪明的就是猪八戒。猪八戒对孙悟空很不礼貌,没大没小,但是厉害的妖魔鬼怪出现的时候，猪八戒完全不一样了，"猴哥，那么厉害的妖魔鬼怪又出现了，只有你能对付"。猪八戒故意装作很笨，用自己的不厉害来证明别人很厉害。结果，孙悟空去降妖，猪八戒继续贪恋女色。

《西游记》如果由西方人来写的话，大概一页就写完了，因为他会叫孙悟空去西天取经，孙悟空一个跟头十万八千里，一天就到了。

为什么要让唐三藏当领导人？只有耐得住寂寞、吃得了苦的人才能做成大事。唐三藏最大的特色就是耐得住寂寞、吃得了苦，沿路多么艰苦他都能够忍耐。

俗话说，百无一用是书生，唐三藏就是这样的人，他却领导了一个很难驾驭的群体，不仅取来了真经，还带出了一支好队伍，留下让人千载仰慕的不朽业绩。唐三藏能够做到这一点，是有非凡的人格魅力和领导艺术的。

《水浒传》中，最没有用的是谁？很多人都认为是宋江，但就是这样一个没用的人，是108条好汉的首领。

我们仔细分析就会发现，宋江武艺不如林冲，智谋不如吴用等人，但他有驾驭群雄、审时度势的出众才能。对不同类型的人给予不同的待遇，安排职务，赋予权力，这就是宋江用人的独特之术。108个将领个个是好汉，他们禀性各异、趣味不同，能够凑在一起搭台唱戏，无疑少不了宋江这个"黏合剂"和"润滑剂"，宋江在这个大团队中是不可替代的。

另外，通过国际象棋和中国象棋这两种棋艺文化的对比，我们也可以看出中西方领导的不同。见表3-2。

表3-2　从棋艺文化悟领导

	厉害角色	说明
国际象棋	王、后	形式上的英雄角色
中国象棋	车、马、炮	为不厉害的将而牺牲

- 中西方棋艺不同。
【西方】最厉害的是王、后。
【中国】最厉害的是车、马、炮，而非将、帅。
- 将、帅要能以静制动：领导不是要处理现在的事，而是要处理未来的事。
- 弃车保帅，而非弃帅保车：能够叫人为其卖命的领导最厉害。

西方人每次看我们的象棋，都会觉得很吃力："我们西洋棋，国王跟皇后很容易决定胜负；你们的象棋看不懂，最厉害的好像是车、马、炮。"我问道："将、帅呢？"对方说："将、帅一点儿都不厉害，躺在那边一动不动。"我说："那么厉害的车、马、炮，到后来却为了躺在那边不会动的将帅牺牲，谁比较厉害？"对方想一想："这样说的话，好像将、帅更厉害。"

在中国象棋中，将、帅为什么最厉害？因为它们能够让车、马、炮为其牺牲。如果你说"我要弃帅保车"，大家就知道你不会玩象棋了，哪有替车做保护，帅牺牲都没关系的？中国象棋讲究弃车保帅，而非弃帅保车。所以，在大部分中国人看来，能够叫人为其卖命的老板最厉害。

为什么将、帅躺在那边不动？将、帅的重点是要以静制动。因为老板不是要处理现在的事，而是要处理未来的事。一个好的老板，他要想的应该是下个月要做什么，下一年要做什么，现在的事应该由部属去做。

自我学习心得笔记

_____

_____

_____

_____

_____

_____

_____

_____

_____

从历史知识中悟领导

《孙子兵法》中讲:"道者,令民与上同意者也,故可与之死,可与之生,而不畏危。"什么意思?表面上,它讲出了部属配合领导的三种顺序(等级)。实际上,它道出了领导的大智慧,见表3-3。

表3-3 部属忠诚配合顺位

配合顺位	配合状况		配合的真实态度
	领导者	部属	
第一	生	死	舍命报恩(可与之生)
第二	死	死	敢于共死(可与之死)
第三	死	生	贪生怕死

《孙子兵法·计篇》:道者,令民与上同意者也,故可与之死,可与之生,而不畏危。
【案例】刘邦被项羽围困于荥阳城,纪信装成刘邦受降,让刘邦逃生。

一般的部属遇到领导者有难,可能会让领导者去死,自己赶快逃生，给这种贪生怕死的人薪水就是浪费钱。还有一种人"可以与之死"，敢于陪着领导一起去死。这种人还不是最忠诚的，最忠诚的是想办法舍命报恩的人，这种人"可以与之生"，就是他去死而让领导者逃生。

所以，我们如果有本事用这种人，那就轻松愉快了。

有一次，刘邦被项羽围困于荥阳城。刘邦派使者到项羽营中，与项羽讲和，项羽不答应。

内绝粮草，外无援兵，群臣也无计可施，眼看只能坐以待毙，形势万分危急。这时候，纪信主动出来说："汉王，我的身高与样貌跟您很像，我来负责诈降项羽好了。"

当项羽得知纪信挺身而出，掩护刘邦突围时，曾感叹："刘邦逃之甚易，纪信代之实难，此真忠臣也哉！朕虽文武将士，收录何止数百人，未有如纪信之忠者。"最终纪信被项羽烧死。

为了刘邦而不惜牺牲自己的性命，纪信的忠心昭日月，高义薄云天。

纪信这样的部属让人感动。很多领导说："我要是能得到纪信这样的左右手，这一辈子就没有遗憾了。"这种愿望虽好，但是我们要想跟部属合作愉快，自己首先要很用心地做个好领导。

如果你是刘邦，当部属要替你去死时，你马上说"太好了，我终于得救了"，那你不可能当上皇帝。部属遇到这种老板早就躲得远远的了，"我们有人替你去死，你一得救就那么高兴，牺牲我们的命你都不心疼"。很多老板一得意就忘形，这是不对的。要想部属对我们忠诚，我们首先要对部属用心。

我为什么一直强调领导者要了解历史？因为历史知识可以古为今用，见图 3-2。

管理大师彼得·德鲁克说：
管理必须与当地的风俗民情（民族性）相结合，方能发挥效果。

类别	原因	问题	应变	标准	管理	重点	《道德经》
智慧	挫折领悟	举一反三适时化解	随需而变察言观色	因人而异	领导沟通	注意对方	为道日损
知识	努力学习	捉襟见肘无法应变	一成不变照本宣科	一致标准	规划控制	重视自己	为学日益

古代历史的案例 → 转化的智慧 → 现今企业的案例

图 3-2　历史知识古为今用

很多成功的企业家，他们虽然学历不是很高，但是平时都很喜欢读文史哲类书籍，对文史哲有很深刻的见解。我们不要以为现在的老板都没事做，好像也不用看书。其实，他们成功，是因为他们有智慧，有丰厚的人文素养。

智慧跟知识不同，知识我们可以在学校里学习，也可以通过自己的努力而习得，而智慧只有通过领悟才能得到。领悟是怎么来的？是经由挫折来的。我们常说："不经一事，不长一智。"我们什么时候觉得身体健康很重要？生病的时候。只有大病一场，我们才会了解身体健康的重要性。否则，不管谁跟我们说要注意身体健康，我们都不会太在意，尤其是年轻人，总是不以为然，结果很多青壮年得了重病。

为什么会这样？因为我们从来不去了解，人生最重要的到底是什么，我们到底应该做什么事情。我们没有领悟道法自然。智慧不是知识。知识是一成不变的，而智慧是可以随需而变、举一反三的。

孔子在教育上的体会是：不是让老师替学生去举一反三、反复列举，而是启发学生去举一反三、触类旁通。《论语·述而篇》中说："举一隅不以三隅反，则不复也。"也就是说，如果一个学生不懂得举一反三，老师就不要走老路了，不要反复地教他，而应换一种新的教学方法。孔子懂得察言观色，而不是用一成不变的方式；懂得因人而异，注意的是对方，重点在于对方的需求，而不是自己。

《论语·雍也篇》中讲："中人以上，可以语上也；中人以下，不可以语上也。"中等资质以上的人，可以告诉他深奥的道理；中等资质以下的人，就很难理解深奥的道理了。所以，我们说因材施教就是这个道理，不可能对什么人都教一样的知识。

比如有的培训课程，主要是面对中人以上的人。老板听了以后觉得很不错，把所有员工都带来听，那就完了，员工会说："来这一套，那么奸诈，故意有答案装作没答案。""我比你还懂。"老板所有的绝招儿都被员工知晓，更为糟糕的是，员工不懂其中的深奥道理，只看到负面的东西。事实上从正面去看，才能够抓到它的重点。

西方人比较重视自己的表现，中国人比较重视对方的需求，不一样的方向决定了不一样的未来。你的速度很快，结果走错方向，反而更浪费力气。

《道德经》中的名言颇多，其中有句"为学日益，为道日损"。就是说，为道的途径和为学的途径是不同的，为学是要日有增益的，而为道是要日有减损的，一直减损到无为，这时就无不为了。这两句并不是因与果的关系，并不是"为学日益"导致"为道日损"，而是说为学者与为道者途径相反。

知识要为学日益，日益不是说增加我们的好处、我们的利益，而是增加我们的压力。《庄子·内篇·养生主第三》中说："吾生也有涯，而知也无涯。以有涯随无涯，殆矣。"人的生命是有限的，而知识是无穷尽的，用有限的生命去追求无穷尽的知识，是必然要失败的。智慧要为道日损，我们这辈子要想不太辛苦，就要懂得用人之道，也就是要懂得为道日损，来减少我们的压力。

基层员工比较重视的是生存，所以他要有收入。而高阶领导比较重视的已经不是收入的问题，不是生存的问题，而是生活品质的问题。所以，人要懂得减法，而不是加法。我们要慢慢懂得放开，把不必要的压力丢掉，才会轻松。

这就需要智慧的化解。我们一味地积累知识，而不去想管理到底跟历史有什么关系，历史对于我们的意义当然就不明显。事实上，我们的管理可以向历史借智慧，当我们将管理与历史联系起来的时候，历史会给我们非常有意义的启示。

自我学习心得笔记

02 国学经典 各家会通

中国文化是阴阳文化,儒家教我们"拿得起",道家教我们"放得下"。我们要懂得"拿得起",也要懂得"放得下"。

各家思想的经权之道

儒家、道家、法家、墨家等各家思想的定位是什么，见图3-3，我们要了解，这对我们经营企业很有帮助。

有很多企业这几年积极学国学，但是效果不是很好，原因在哪里？我给很多企事业单位上过课，记得有位老板曾问我："老师，我是长春的，管着几万人的公司。我们不是不重视经典，我们找吉林大学甚至清华大学的老师来讲过，但是讲得都不太实用。"

为什么？因为过去的重点在对经典的诠释。我们请学校的教授来讲，他只能教我们，《论语》应该怎么解读，《道德经》应该怎么理解，等等。但我们不可能这样做，国学是博大精深的，几千年的东西如果照这样去学，我们一辈子也学不完。

我们应该把重点放在思想的会通上。将各家思想整合在一起，这比较重要，而分开学的话，我们最后会搞不清楚到底什么时候该用什么。因为每一家的思想在企业经营中的运用是不一样的。比如，在这一阶段用儒家的思想，在那一阶段却要用法家的思想。再如，在这一阶段儒家、法家的思想并用，但以儒家的思想为主；在那一阶段虽还是儒家、法家的思想并用，却以法家的思想为主：每个阶段各家思想所用的百分比是不一样的。

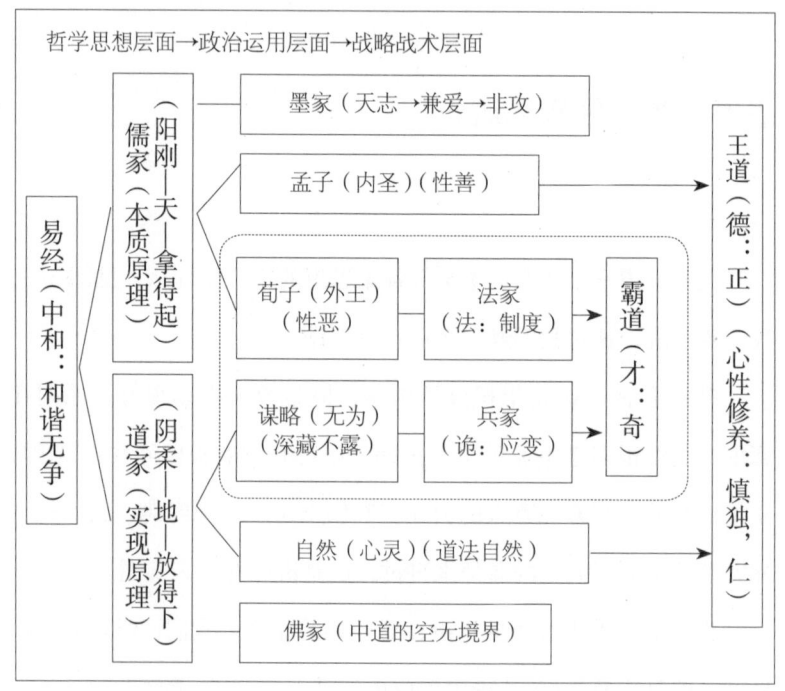

图3-3　各家思想定位

企业刚开始经营的时候，我们必须用兵家、法家的思想。法家重视制度，遇到问题以结果为导向，制定严刑峻法，通过强硬手段来实现目的。而兵家则注重应变，其代表人物孙武强调兵不厌诈，为了实现目的，可以不择手段。兵家的观点是："兵者，诡道也"，即"兵无常势、水无常形"，讲究没有一定之规，提倡通过诡道来解决问题。所以，这时候领导者一定要有才能，才能在制度的监督与应变的调和中快速致富，或者确定企业能不能生存下去。

企业经营一旦上了轨道，就要用儒家的思想，强调整个组织的道德性。组织是不是走正道体系，这非常重要。如果不是，即便做到首富有什么用？做到首富虽然很了不起，但是没有道德，就是为富不仁，最后可能走上违法犯罪的道路，一样会被抓起来。

对社会中遇到的问题，儒家的解决方案更强调从自身着手找问题，所以才有克己复礼，才有修身、齐家、治国、平天下之说。修身是平天下的前提。

中国人强调儒家道德教育的思想。在我们的思想体系中，有钱不是重点，而要富而好礼。有钱的话，应该要懂得照顾所有人，而不是说有钱想怎么花都行。早期有些企业，每次年终年会的时候都大肆铺张，讲排场，比阔气，这些不良风气让所有人都看不下去。我们常常警告这些大企业：你们可以强调大致上发了多少股票，你们也可以疯狂地给员工送轿车等，但是你们不能带坏社会风气。孔子说：始作俑者，其无后乎。有钱固然好，但有钱也要学会如何花钱，怎么花钱要好好定位，不能带坏社会风气，否则责任都会落在我们头上。

在图3-3中，虚线内的部分强调做事才能，主要是法家和兵家思想；虚线外的部分比较注重人的修为，比如儒家、道家、墨家思想等。而被誉为"群经之首，大道之源"的《易经》，是中国传统思想文化中自然哲学和伦理实践的根源，对中国文化产生了巨大的影响。

所以,像"国学《易经》与领导智慧"或者"国学《易经》与管理智慧"这样的课程很受欢迎。很多高阶领导都是 EMBA、MBA 出身,对管理方面的知识很了解,对《易经》却没有研究。在企业管理的实践中,我们已经注意到,各家思想都很重要,但是跟企业经营具体有什么关系,是我们一直想探寻的。我们现在很重视"用中见体",也就是如何在使用中去了解中华文化经典的价值,这是我们学习的重点。

我们做企业要懂得各家思想的持经达权之道,见图 3-4。

	经权	王霸	德才	对象	状况	期间	思维	情绪
	经(常)(正)	王道(君王)	道德(人)	中基层人员	平时(实力)	长期(永续)	战略(治国)	理(中道)
	权(变)(奇)	霸道(帝王)	才能(事)	中高阶领导	紧急(危机)	短期(强大)	战术(用兵)	情(恩、赏)法(威、罚)

图 3-4 各家思想的持经达权之道

其重点在于奇和正。经,指正道、常道。权,指奇道、变道。

我们中国人很喜欢讲有所变有所不变，实际上就是一体的两面。持经达权就是有经有权。有经有权，才能够有所变有所不变，有所为有所不为。

经是王道，强调道德的重要性，是长期战略。儒家强调经，所以儒家比较重视道德。

权是霸道，强调才能的重要性，是短期战术。一个企业最大的问题是什么？就是每次危机出现的时候，发现根本没有人能处理。因为我们平时没有培养比我们能干的中高阶领导。只有有能力的人，才能够在短期内处理好紧急危机。

很多事情不是强调道德就可以解决的，所以奇、正要同时运作，以求持经达权。

中华文明为什么能够源远流长？见表3-4。

表3-4　中华文化的本质：儒家、道家思想

分类	道家思想	儒家思想
阴阳主体	以阴为主	以阳为主
双向圆成	启发成全我们的好	告诉我们什么是好的
生命智慧	虚无的空灵智慧	实有的道德生命
人生观念	避开人生负面伤害	肯定人生正面价值
应有态度	放得下	拿得起
适合环境	逆境、非自我可控制	顺境、可自我控制
要求对象	他人（浇花哲理）	自己（反求诸己）
适合阶层	高阶领导者	中坚干部

中国文化是阴阳文化。老祖先给我们最宝贵的资产，就是儒、道两家的思想。道家思想以阴为主，儒家思想以阳为主。

儒家教我们"拿得起"，道家教我们"放得下"。我们既要拿得起，又要放得下。一般来说，我们要么重视儒家，说道家太浮浅了，太不积极了；要么重视道家，觉得儒家太辛苦了。这都是片面的看法，是因为没有全面性的思维。

一个领导者，一定要有全面性的思维。什么叫全面性的思维？中国文化之所以能够流传到今天，儒、道两家文化的双向圆成有着重要的作用。

中国文化是很生活化的，在顺境的时候，我们要懂得拿得起；在逆境的时候，我们要懂得放得下。比如我们身体很健康，当然会积极乐观，但是不可能每天像过年一样，因为总有生病的时候，一旦生病我们该怎么应对？我碰到过很多这样的老板，生病了居然还在强调自己很认真，在病床上批公文，结果不幸去世了。生病了还拼命工作，这是放不下。生病了，就应该好好休息。

放得下的人，才可以避开人生的负面伤害。拿得起、放得下，这两者是相随的，就好像汽车有油门就一定有刹车一样。我们不能只有油门没有刹车，那样会很危险；也不能只有刹车没有油门，那样车根本就动不了；有油门，也有刹车，在两者的协作下才能很好地行驶在路上。

懂得肯定人生的正面价值，也知道避开人生的负面伤害，是大部分中国人最大的优势。所以，儒家告诉我们什么是好的，道家知道如何启发成全我们的好。领导者们本身要有一个配套：中坚干部要学儒家的思想，高阶领导要懂得道家的思想。干部要积极认真地做，告诉领导什么是好的；领导要清楚，如何启发成全干部积极认真地去做。

但是，高阶领导也要明白，不是认真做就对了，有时候认真做结果也会不尽如人意。比如，某个商品做得时机不对就会亏大钱，这时候我们要看得开、放得下。

在古代太平盛世的时候，统治者自然而然就会很重视儒家的思想。汉武帝罢黜百家，独尊儒术，唐太宗、康熙、雍正时期治国思想的哲学基础也是儒学，就是这个道理。相对的，在魏晋南北朝以动乱为主的大时代，不用道家的思想来治理能行吗？不行。因为在那样的时代背景下，一定要懂得避开伤害，乱世则隐。这也是当时玄学崛起的原因。

自我学习心得笔记

_____

_____

_____

_____

_____

_____

各家思想的缘由分析

我们对各家思想的缘由来进行一下分析，见表3-5。

表3-5 各家思想的缘由分析

系列	因（缘起）	果（结果）	说明
易经、传	易经 （和谐）	儒家（阳刚） 道家（阴柔）	阴阳调和
道家、兵家	道家 （谋略）	兵家 （诡变）	以无应变
儒家、法家	儒家 （荀子：性恶）	法家 （制度）	最坏打算 最好准备

- 《道德经》：深藏不露 / 正言若反 / 以正治国，以奇用兵 / 上善若水
- 《孙子兵法》：兵者，诡道也 / 凡战者，以正合，以奇胜 / 夫兵形象水

《易经》让我们了解了阴阳调和的道理，学了儒家、道家文化后再学《易经》，就能够将儒家、道家的思想用在关键时刻。

知识是给有智慧的人用的，儒家、道家的思想都没有错，但

是什么时候用哪种思想我们自己要弄清楚。"上台靠机会，下台靠智慧"，有的人上台以后都不知道怎么下台，就是因为他没有智慧，不懂得儒家与道家的双向圆成，只知道踩油门，不知道踩刹车，最后被逼下台。

所以，我们不仅要了解儒家、道家的思想，也要懂得在适当的时机做适当的调整，以达到阴阳调和。

另外，兵家思想我们要想学得好，一定要先把道家思想弄清楚。兵家能够诡变，就要懂得道家的无，以无应变。也就是说，我们不让对方知道自己的下一步，才能恰到好处地应变。如果我们还没打仗，人家就知道我们下一步要做什么，那我们还需要打仗吗？

无为的境界是最高的。《孙子兵法》很强，《道德经》也很强，但我们要想读懂《孙子兵法》，先要把《道德经》弄清楚了，因为"无"才是真正的大用。

孙子说：兵形象水。老子说：上善若水。中国人的人生哲学就是水的哲学。中国人的心态就像水一样。水，往下流，各种脏乱它都可以冲刷掉，它是任劳任怨的。所以，我们很少抱怨领导。不管是天灾，还是人祸，我们不会怪别人，反而越是患难，越见真情。

和谐地生存，正跟奇都很重要。我们要想正常运作，就要懂得奇正相生之道，保证所有的东西都符合奇正的系统。

我们要想明白法家的思想，必须先了解儒家的道理。荀子的"性恶论"其实背负了很多不必要的骂名，因为很多人常常把"性恶论"跟"性善论"做对比，总是在讨论人到底是性善还是性恶。

事实上，这根本就没有抓住重点。

荀子的"性恶论"是礼法统一观的理论基石，是制度规划完善的前提。法家制度的源头是"性恶论"，所以不管是制定制度还是完善制度，都要懂得荀子之道。

确定一种制度完善不完善，就如同确定一个酒驾的人是否还敢喝酒开车一样。让最喜欢喝酒的人怕这种制度，制度才有用。所以当确定一种制度完不完善时，必须有性恶论的假设前提，这样规划的事情才会完善。这就叫作做最坏的打算、做最好的准备。

一种制度好不好，就看它有没有办法把坏人整倒，让坏人没有做坏事的机会。还以酒驾为例，酒驾的现象一直很严重，每年因酒驾而被祸害的人数不胜数。从本质上说，酒驾是完全可以避免的，但之前的规定对日益增加的酒驾丝毫起不到威慑、打击作用，直到2013年酒驾处罚标准和醉驾处罚新规定出台，才慢慢严格起来。我们为什么一开始不一针见血地对酒驾的人进行严惩？因为很多人认为那是限制人权、侵犯人权。结果，却让更多人遭遇不幸。

提到人权，我们来说说民主，民主一般代表着由广大人民拥有控制权。但有的领导者认为越民主越难带队伍，因为每个人都觉得自己的意见对，公说公有理，婆说婆有理，大家都有理，最后发现很难做事。

所以，我们要想真正化解危机，一开始就要有本事把制度建设好。做企业也一样，企业要想好好经营，就要在"性恶论"的前提下，做最好的准备。

有些老板跟我讲："我的员工都那么呆，我真不知道怎么会变成这样！"我说："员工没怪你就不错了，你还怪员工。"老板说："为什么这么讲？"我回答："当初你是觉得他们好才用的，后来他们为什么变呆了？是你训练出来的，你还怪谁啊！"他似乎明白了："对哦，好像真的是我把他们变成这样的，我不懂激励。"所以，我们要怪只能怪自己。遇到这种情况我们不妨反求诸己，好好反思一下，我们的方法有什么问题，怎么调整才能得到想要的结果。这才是重点。

卓越领导者的经营智能要靠平时的整合，见图3-5。中国人常说：天时不如地利，地利不如人和。所以，人最重要的就是要把道德培养出来。所谓道德，就是我们平时的德行。

兵家主张"五事"——道、天、地、将、法——要整合运作。《孙子兵法》说："故经之以五事，校之以计，而索其情———曰道，二曰天，三曰地，四曰将，五曰法。"我们不会盖棺定论，因为谁都不知道自己这辈子会怎么样，这要靠这辈子德行的修为。也就是说，我们这辈子有没有"道"，要看修得的德行如行。只要我们的德行好，天时、地利、人和都会配合我们。

法家的主要代表韩非子提倡法、术、势相结合。所以，我们带部属的时候，要懂得法、术、势的交流运作。在这种情况下，才有可能整合兵家、法家的思想。领导者懂得术，才会信赏必罚，让权势得以执行，权势又让法令能够执行。这叫作抱法处势。"抱法处势则治"，因而能够循名责实、信赏必罚。这样一个循环就是企业的永续经营之道。

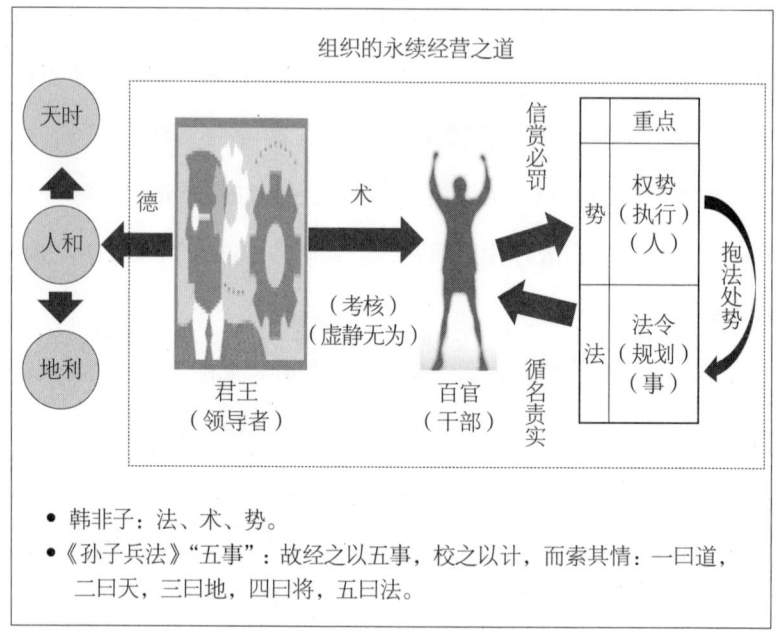

图 3-5　卓越领导者的经营智慧

其实，道、天、地、将、法，这五个字总结出了企业经营中最关键的几个点，见表 3-6。

其中，最重要的是"道"。道，在企业管理中就是经营理念。

"道不同，不相为谋"，如果你的经营理念员工不认同，你会发现他跟你根本合作不下去。

表 3-6 "五事"检核架构

五事架构		经典原文	古学今用
道		令民（部属）与上（老板）同意（愿景），可与之死（替你死），可与之生（让你逃生），而不畏危	经营理念
外在因素	天	天者，阴阳（昼夜、晴晦等天象变化）、寒暑、时制（春夏秋冬季节更替）也	时机
	地	地者，远近、险易、广狭、死生（攻守进退的有害和有利）也	市场
内在因素	将	将者，智（智谋才能）、信（赏罚有信）、仁（仁爱部属）、勇（勇敢果断）、严（管理严明）也	领导者
	法	法者，曲制、官道（职责区分、统辖制度）、主用（经费、物资）也	制度

外在因素包括天、地。天就是天时，地就是地利。企业经营最重要的是什么？要讲究天时、地利。也就是说，我们要知道什么时候做什么事，我们的市场在哪里。

王永庆先生曾说过，卖冰激凌一定要冬天的时候就开始卖，因为冬天顾客少，会逼迫你降低成本，改善服务。如果能在冬天的逆境中生存，就再也不会害怕夏天的竞争。如果夏天才开始卖，等到琢磨出怎么赚钱的时候，秋天到了、冬天到了，冰激凌卖给谁呢？所以，时机的掌握、市场的掌握，是企业家必须具备的本领。

内在因素包括将、法。将指的是领导者，法指的是制度。经营的好坏跟领导者有直接关系。领导者要有五德，智、信、仁、勇、严。为什么智排在第一位？因为智者不惑，有智慧的人不怕问题，敢于面对问题,不容易困惑。另外,经营的好坏也离不开制度保障。

除"五事"外,《孙子兵法》中还有"七计",是通过比较双方的具体条件来探究胜负的情形。"故校之以计而索其情,曰:主孰有道?将孰有能?天地孰得?法令孰行?兵众孰强?士卒孰练?赏罚孰明?吾以此知胜负矣。"跟"五事"对比,"七计"讲得更细,见表3-7。

表3-7　"七计"检核架构

《孙子兵法》"七计":主孰有道?将孰有能?天地孰得?法令孰行?兵众孰强?士卒孰练?赏罚孰明?			
架构(五事)		七计	符合现代管理的相对重点
道(愿景)		主孰有道	经营者中哪一方的经营理念能得到员工的认同与支持
外部	天、地	天地孰得	哪一方掌握时机,并占有市场优势
内部	将(领导统御)	将孰有能 兵众孰强 士卒孰练	中、高阶层的干部,哪一方的能力较强 比较开源能力:哪一方营销管理、生产管理、研发能力较强 比较节流能力:哪一方人事管理、财务管理、信息管理较强 (员工学历素质、教育训练)
	法(制度)	法令孰行 赏罚孰明	哪一方的管理制度和员工纪律能彻底执行 哪一方能做到信赏必罚,以保彻底执行

比如，对于"五事"中的将，"七计"中讲了三条，包括将领的能力、兵众的能力、士卒的能力。与管理企业相对应，将孰有能，说的是中、高层的干部，哪一方的能力较强；兵众孰强，说的是哪一方员工开源能力较强；士卒孰练，说的是哪一方员工节流能力较强。

再如，对于"五事"中的法，"七计"中强调的，不只是制度的执行，还要赏罚分明。法令孰行，说的是哪一方的管理制度和员工纪律能彻底执行。赏罚孰明，说的是哪一方能做到信赏必罚，以确保彻底执行。

其实，"五事""七计"的要点再多，归纳综合起来就三大项：第一，道，也就是经营理念怎样；第二，外在因素，也就是时机怎样、市场怎样；第三，内在因素，领导的部分要考虑市场开源、训练节流，制度的部分要考虑严谨考核。见图3-6。

我们要化繁为简，因为执简才能驭繁。这样，我们才能在任何变局中找到应对的方法。

那么，法家的法、术、势又该怎么用？用在什么地方？实际上，它讲出了基层员工、中坚干部、高阶领导三个阶层的整合，见表3-8。

基层员工的管理比较重要，因为基层员工属于硬件结构。对基层员工为什么强调法？因为我们不可能让他们每个人都一一交代上班、下班、请假、休假这些事情，也不能给每个人讲每一件重要的事情。所以，我们必须有一致性的规则，如此才能够让势发挥得快而有效，这就叫抱法处势。

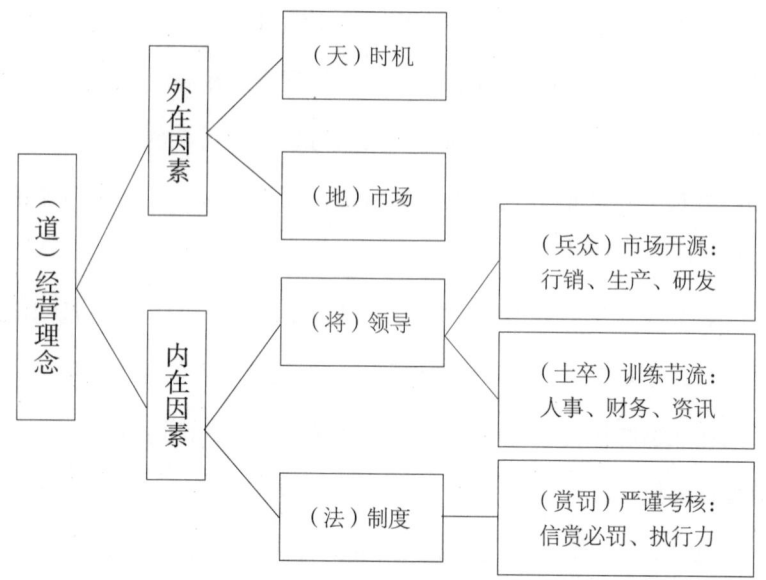

图 3-6　兵家组织力整合分析

硬件结构很重要，软件内容也很重要。企业的制度可以借鉴你的，也可以借鉴他的，企业还可以买更多的硬件设备，但是每个企业的软件——中坚干部不一样，就会产生不一样的效果。

干部最重要的是要有势。什么叫势？势就相当于老虎的牙齿。当老虎没有牙齿时，我们会不会怕它？我们根本不怕，反而会觉得老虎还蛮好玩的。因为如果老虎没有牙齿，我们就把它当猫养了，觉得它很可爱。干部没有势，员工根本不怕他。但是干部太有势，就容易拿鸡毛当令箭，仗势欺人。所以，干部要利用法治的驱动力量，让高阶领导能贯彻他的意志，或指挥别人去实施他的意志。

表 3-8　法、术、势的关联

类别	管理	重要定义	运作方式	说明	阶层	人
用术	考核（统御）	领导的领导统御（贯彻法治、提高效率、避免流弊的手段）	领导统御干部的方法，使干部有职权而不弄权（循名责实）	无为、虚静（镜子的哲学）	高阶领导	
任务	执行（权势）	法治的驱动力量（强制的公权力）	让领导能贯彻他的意志，指挥别人去实施他的意志（二柄：赏、罚）	老虎的牙齿（软件内容）	中坚干部	
尚法	规划（法制）	法治的基础（制度、法律、政令）	组织统一通过规则（法），使（势）发挥得快而有效（抱法处势）	上班、下班请假、休假（硬件结构）	基层员工	事
法、术、势运作方式：领导把他的势→通过法贯彻到所有人身上→经循名责实考核绩效，通过术洞悉奸邪						

如何考验干部的势无过与不及？没有滥用，就是统御之术。领导统御干部的方法是，使干部有职权而不弄权，叫作循名责实。这就要懂得虚静之道，即无为的哲学，也称作镜子的哲学。

什么叫镜子的哲学？照镜子的时候，我们可以尽情地把自己的任何行为都表现出来。镜子可以让我们看到真实的自我。我们给镜子真实的形象，镜子就会给我们真实的形象；我们给镜子虚假的形象，镜子就会给我们虚假的形象。另外，我们对待别人所表现出来的态度和行为，别人往往也会以同样的态度和行为给予反应。就像苏小妹对苏轼说的那样："哥哥呀，你已经输了。禅师心中是佛，所以他看你就像尊佛；你心中是牛粪，所以你看禅师才会像牛粪。"

领导的心要正，要敢于展现真实的自我，这样部属才会认真对待、真诚付出。如果领导都在表演，那部属也会用表演来回应。

领导化身为镜子，部属的一举一动就没法隐瞒。领导重视的，不是领导在的时候员工做什么，而是领导不在的时候他在做什么。领导在的时候，员工不会那么嚣张，也不会故意摸鱼打混。

很多企业的管理一开始都差不多，是非化、制度化，这没什么问题，后来强调电脑自动化、办公自动化，为什么管起来还是很费劲？就是因为我们没有注意到一个很重要的自动化——人力自动化。

什么叫人力自动化？人力自动化就是领导不在的时候，部属也在认真做事。我们自己深更半夜工作其实没什么了不起，部属为我们深更半夜工作，我们才了不起。所以，我们要有本事让部属这样做。"我愿意"是生产力，如果部属不愿意，逼他也没用。那么，怎么才知道部属愿不愿意呢？就看当领导不在的时候，他是不是很主动。他主动，说明他愿意；他不主动，说明他不愿意。

比如，爸爸妈妈都有工作，都是准时上下班。儿子放暑假的时候，看爸爸妈妈在，一定装作很认真地看书。只要爸爸妈妈一去上班，门一关，他就把书丢一边，马上活跃起来了。

什么时候他才会再拿起书看？爸爸妈妈下班的时候。他知道爸爸妈妈五点下班，如果有弟弟或妹妹的话更好，他躺在沙发上，跟弟弟或妹妹说："五点快到了，去窗户边看看爸爸妈妈回来了没，回来了的话就提醒我一下。我稍微歇一会儿。"爸爸妈妈回来一看，发现儿子在认真看书，觉得很骄傲：儿子这么努力，肯定会考个好大学。

这样的现象在企业中也是存在的，所以我们不要被自己看到的假象蒙蔽，我们要有一定的术，才可以确定干部的势是不是得到正确执行。

自我学习心得笔记

03 师法圣贤 识人之道

光知人还是不够的,知人如果不善任,等于不知。知人一定要善任,把他的长处发挥出来,把他的缺点放在我们的肚子里。

识人应有的要领原则

领导者一定要知人善任,要想知人善任,首先要懂得观人。观人有以下三大要领。

首先,从外见内。

我们观人时只能从外见内,因此有时会看不准,因为呈现在我们面前的往往是假象。所以,我们在观察一个人时,要注意他是否也在注意我们。如果他发现我们在注意他,那他表现给我们看的可能是假象;如果他不知道我们在注意他,那他呈现给我们的才是真实的自己。他用真实表现面对我们的时候,我们看人才会比较准。

从外见内,不是泛泛地看,而是深入地体会与观察。

比如,我们看一个人是不是紧张忙碌,通过等公交车时他的表现可略知一二。有的人,一有公交车过来,车还很远他就在那儿张望是几路车。我们就知道这个人很累,是劳碌命。有的人,等公交车的时候安静地看自己的书,公交车一到,他直接上去就是了。这样的人,通常就比较轻松自在。

再如，一个鱼缸中有很多漂亮的金鱼，有的人，欣赏一下就完事了；有的人，一定要数清楚到底有几条，那他可能一辈子都是劳碌命。

其次，由显见微。

处事的原则是由微见著，而观人的要领则刚好相反，应该由显见微。也就是说，看出人的大体形态后，再从细微的动作来分析他的修为和言行。

有时候，我们通过一个人的大概状态就知道他怎么样，因为他的很多行为已经透露了信息。他不识自己的庐山真面目，但我们一看便知。

最后，认同辨异。

同一类型的人，有不同的性情。从同中发现差异，殊为必要。比如，诸葛亮跟曹操有很多相同点，都是有智慧、有谋略的人，但是曹操是曹魏政权的主要缔造者，诸葛亮则"鞠躬尽瘁，死而后已"。

人才不是天生的，后天培育非常重要。所以有的人不是人才，但是企业会把他培养成人才。相反，有的人可能是人才，但是来到企业后反而慢慢变成呆人，非常可惜。知人还是不够的，知人如果不善任，等于不知。知人一定要善任，把他的长处发挥出来，把他的缺点放在我们的肚子里。人才要靠自己来培育，通过训练，可以把人塑造成理想的人才。以下是训练人才的三大原则。

第一，明辨是非。

心直口快的人，很容易制造是非。很多时候我们也很容易是非难明。那么，怎样让人明辨是非呢？孔子强调"临事而惧"，在面对危机的时候，我们要注意部属是否谨慎、积极，训练其找出事物本源的能力。

第二，屡败屡战。

曾国藩打过不少败仗，为什么皇帝还很相信他？在给皇帝的奏折里，曾国藩陈诉自己屡战屡败，自请重罪，但有人提醒他，改为"屡败屡战"。屡战屡败，就是无能。屡败屡战，意境就大不相同了，意思是：我败了，但是我精神不死，我还愿意继续战。

屡败屡战，可以激发部属在挫折中成长，养成"无时不谋，无事不谋"的习惯，兼采不同意见的长处，使行不通的变成行得通的、效果差的变成效果好的。

第三，挑战创新。

我们要经常调动部属的职位，使他获得历练。这样做的好处是，不仅能够增强他的胆识，也能开阔他的视野。一般来说，越能够适应新环境的人，越能够挑战创新，越能够成为通才。对于这样的部属，我们要多加礼遇，不可随意摆布。

自我学习心得笔记

_____

_____

_____

洞察部属的潜在能力

讲到洞察力,我们先来了解《中庸》中的一句话:"天命之谓性,率性之谓道,修道之谓教。""天命之谓性",天命赋予我们的自然禀赋就是"性",即天分。"率性之谓道",遵循着我们的天性而发出的便是人生大道,也可以说是自然大道。做事有"道",才能成就志业。"修道之谓教",按照"道"的原则来修养叫作"教",也就是教育。

可见,每个人都有他的天分。人才是有专长的,不是万能的,我们在栽培部属时,首先要考虑他有没有相应的专长,是否有潜能。那么,如何洞察部属,尤其是新员工是否有潜能?一般来说,我们可以根据以下三点来判断,见图3-7。

第一,不教而会。对某事物不教而会的都是极具天赋的人。比如甲与乙一起学音乐,但甲的成绩比乙好,就说明甲比乙更有音乐细胞。

《中庸》	天命之谓性	率性之谓道	修道之谓教
重点	天性（天分）	志业（性向）	教育（培训）

- 不教而会：不用教，就很有心得。
- 久学不厌：虽然遇到挫折，却能屡败屡战。
- 能有创见：对事物常有与众不同的想法。

《中庸》：天命之谓性，率性之谓道，修道之谓教。
说明：天才等于99%的努力+1%的天分。
案例：奥运会10多枚游泳金牌获得者：迈克尔·菲尔普斯。

图 3-7　洞察部属的潜在能力

所以，我们在培养部属的时候，要懂得发挥他的天性，而不是光靠教育。他这辈子想走什么路，他有没有这个天性？他有天性，不用教，他也会很有心得。天才等于99%的努力+1%的天分，不是努力就能成天才的，还在于是否有那1%的天分。

第二，久学不厌。迈克尔·菲尔普斯，这位在2008年北京奥运会上书写传奇的人物，小时候因多动症影响到了学习，这让妈妈很操心。没想到，菲尔普斯在游泳池中展露了自己的才华。美国著名游泳教练鲍曼第一眼看见他游泳时就称赞其有着"无人能及的水感"。一般来说，有天分的人久学不厌。人家游一两个来回就会很累，菲尔普斯游两三小时都不会累。他憎恨失败，因而他每天要在游泳池中游上12公里，训练很刻苦。

第三，能有创见。一个人会不会累，标准不在于他花了多少时间，而在于他做了多少事。一个人做自己喜欢做的事，会觉得累吗？

不但不会觉得累,反而会越做越有精神,会觉得好得意,好有成就感。更重要的是,他对事物常会产生与众不同的想法。

所以,教育不是重点,重点是先了解部属的天性,遵循着他的天性去做,让他发挥最大的潜能。这样,他才能成为我们的干部。

那么,我们又该如何判断干部能干与否呢?见表3-9。

表3-9 判断能干干部的法则

形态	公开(阳)	私下(阳)	优、缺点分析
阳刚 (强势)	老板:从属 干部:主导	干部:主导 部属:从属	优点:在时强势,离开弱化 缺点:功高震主,自以为是
阴柔 (弱势)	老板:主导 干部:从属	干部:从属 部属:主导	优点:一团和气,优柔寡断 缺点:一事无成,没有原则
和谐 (应变)	老板:主导 干部:从属	干部:主导 部属:从属	符合时中,阶段性调整 初看平淡,和谐应变
《人物志》:凡人之质量,中和最贵矣。中和之质,必平淡无味;故能调成五材,变化应节。是故,观人察质,必先察其平淡,而后求其聪明。			

干部都是有才能的,不然也不能成为干部。这里说的能干,除了才能,还包括是否懂得应变。一个企业能不能管理好,关键在于中坚干部能不能承上启下。对上一定要小心,绝对不可功高震主;对下要有原则,只要部属能做好的,就让他去做。

《人物志》中说:"凡人之质量,中和最贵矣。中和之质,必平淡无味;故能调成五材,变化应节。是故,观人察质,必先察其平淡,而后求其聪明。"就是说,人的资质量度,重点在于中和。具有中和资质的人，定然平和、淡泊而没有偏颇，因此能够调和成就五种人才，变通转化且符合节律。所以，观察人的资质，定要先察明他是否平和淡泊，然后探讨他是否耳聪目明。

在我看来，重点在"平淡"，平淡不是真的平淡，而是绚丽后是否能归于平淡。一般的干部，要么强势，要么弱势。强势的干部，公开场合不配合老板，私底下功高震主、自以为是，部属不得不服从他。弱势的干部，公开场合很配合老板，私底下也没啥主见、没有原则，部属往往只能自主行事，我们要这样的干部有什么用？第一流的干部，在公开场合很配合老板，但在私底下，他作为干部，他的部属也绝对服从他。他看似平淡，其实懂得调整，能够和谐应变。

自我学习心得笔记

_____

_____

_____

_____

识人学应有的整体观

在此，我们简单地来分析一下儒家的两大重要人物——孔子和孟子——的识人学。

孔子说："视其所以，观其所由，察其所安。"意思是，审视一个人的言行，考察他言行的缘由，了解他内心所关注的。连续三个由浅入深以观察他人的动词——视、观、察，可以深入细致而精微地考察一个人，见表3-10。

孔子认为，考察一个人应当"听其言而观其行"，看他言行是否一致，还要知道他之所以这样说、这样做的原因。但是这还不是重点，重点是察其所安，即要了解他言行举止产生的动机，以及为人处世的一贯禀性，看他有没有真正的良心。

可见，从言论、行动到内心，我们可以全面观察并了解一个人，他几乎没有什么可以隐藏得了的。真正认识和了解一个人，外在言行不是重点，而应看他内在的动机。如果不积极去探求他的内心，只以他的言行给人的第一印象而轻信他，往往得不到好结果。

表 3-10　孔子的识人学

《论语·为政篇》子曰：视其所以（作为），观其所由（原因），察其所安（安心）。人焉廋（怎么）廋（掩藏）哉？人焉廋哉？

经典原文	观察重点	说明
视其所以	外在言行	—
观其所由	内在动机	—
察其所安	真诚的心	良心（天良）

- 第一印象：不要用第一印象来论断人。
- 言行一致：始吾于人也，听其言而信其行；今吾于人也，听其言而观其行。（《论语·公冶长篇》）

我们常常强调"天人合一"，"天人合一"有两层意思：一是天人一致，宇宙自然是大天地，人则是一个小天地；二是天人相应，或天人相通，是说人和自然在本质上是相通的，故一切人事均应顺乎自然规律，达到人与自然和谐。天的心跟人的心是合在一起的，叫天良。所以我们中国人常说，"人在做，天在看""丧尽天良"。

孟子认为，观察一个人，重点要看他的眼睛。"存乎人者，莫良于眸子。眸子不能掩其恶。胸中正，则眸子瞭焉；胸中不正，则眸子眊焉。听其言也，观其眸子，人焉廋哉？"我们常说，眼睛是心灵的窗口，看一个人的眼睛是最容易了解他的。一个人胸怀坦荡正直的时候，眼珠就会明亮；胸怀不坦荡正直的时候，眼珠就会昏暗不明。

另外，我们从心性、言辞、思维、外观、环境等方面，将前文讲的孔子、孟子的识人观，还有姜太公的用人八法、管仲的观人术，做了以下归纳，供大家参考，见表3-11。

表3-11　领导者识人应有的整体观

主层	次层	引经据典说明	
人的官能部分	心性	●观其所由（《论语·为政篇》） ●察其所安（《论语·为政篇》）	●眸子瞭眊（《孟子·离娄篇》） ●顾忧，可与致道（管仲观人术） ●忧在近者，往而勿召也（管仲观人术） ●小谨者，不大立（管仲观人术）
	言辞	●搅之以碎（姜太公八法） ●穷之以辞（姜太公八法）	●訾謷之人，勿与任大（管仲观人术） ●必得之事，不足赖也（管仲观人术） ●必诺之言，不足信也（管仲观人术） ●有无弃之言者，必参之于天地也（管仲观人术）
	思维	●抚巨者，可以远举（管仲观人术） ●举长者，可远见也（管仲观人术）	●裁大者，众之所比也（管仲观人术） ●美人之怀，定服而勿厌也（管仲观人术）
人的外观整体		●视其所以（《论语·为政篇》）	
外在环境影响	人	●使之以间（姜太公八法） ●诱之以色（姜太公八法）	
	事物	●告之以密（姜太公八法） ●诱之以利（姜太公八法） ●告之以急（姜太公八法）	●醉之以酒（姜太公八法） ●訾食者，不肥体（管仲观人术）

自我学习心得笔记

图书在版编目（CIP）数据

领导统御智慧：中国式管理实战手册 / 曾仕强, 杨智雄著. — 成都：天地出版社, 2021.1
ISBN 978-7-5455-5648-3

Ⅰ.①领… Ⅱ.①曾… ②杨… Ⅲ.①企业管理—研究—中国 Ⅳ.①F279.23

中国版本图书馆CIP数据核字（2020）第072797号

LINGDAO TONGYU ZHIHUI：ZHONGGUOSHI GUANLI SHIZHAN SHOUCE

领导统御智慧：中国式管理实战手册

出品人	杨　政
作　者	曾仕强　杨智雄
责任编辑	陈文龙　聂俊珍
封面设计	零创意文化
内文排版	程海林
责任印制	葛红梅

出版发行	天地出版社 （成都市槐树街2号　邮政编码：610014） （北京市方庄芳群园3区3号　邮政编码：100078）
网　　址	http://www.tiandiph.com
电子邮箱	tianditg@163.com
经　　销	新华文轩出版传媒股份有限公司

印　　刷	河北鹏润印刷有限公司
版　　次	2021年1月第1版
印　　次	2021年1月第1次印刷
开　　本	710mm×1000mm　1/16
印　　张	12
字　　数	134千字
定　　价	58.00元
书　　号	ISBN 978-7-5455-5648-3

版权所有◆违者必究

咨询电话：（028）87734639（总编室）
购书热线：（010）67693207（营销中心）

如有印装错误，请与本社联系调换。

领导统御智慧

中国式管理实战手册

本书站在人性的高度，立足于中国人的特性，在汲取中国传统文化精髓的基础上，谈自我修炼、安人得人、鉴人用人，将有血有肉的案例与真知灼见融为一体，不仅充满中国式管理智慧，也十分接地气。

中国式带队伍

带队伍就是带人心

本书立足于中国人的特性，充分发挥和利用《易经》中的团队管理智慧，畅谈带队伍必须解决的分工协作、合理授权、协调沟通、文化建设、领导激励等问题，并提出可落地、可执行的解决方案。书中的方法持经达变，案例典型接地气，见解深刻独特，可读性极强。